잠시 멈추는 시간

제6회 수필미학문학상 수상 작품집

잠시 멈추는 시간

초판1쇄 발행 2025년 2월 10일

지은이 곽영도
펴낸이 신지원
펴낸곳 도서출판 소소담담
등 록 2015년 10월 7일(제2017-000017호)
주 소 대구광역시 북구 호국로43길 7-19
전 화 053-953-2112

ISBN 979-11-94141-10-5 (03810)
ⓒ 곽영도, 2025

* 저자와 출판사의 사전 동의 없는 무단 전재 및 복제를 금합니다.
* 책값은 뒤표지에 표시되어 있습니다.

제6회 수필미학문학상 수상 작품집

잠시 멈추는 시간

곽영도 수필집

소소담담

• 작가의 말

"인생은 나 자신을 찾는 것이 아니라 나 자신을 창조하는 것"이라고 한 조지 버나드 쇼의 말에 깊게 공감한다. 이 창조의 삶을 더욱 풍성하게 해주고 잘 갈무리해 주는 게 글쓰기이고, 그 으뜸이 수필이라고 생각한다. 수필은 문학의 장르를 넘어서 사람의 내면을 드러내고 이를 포용하는 넓이와 깊이가 있다고 보기 때문이다.

'나는 누구인가'는 문학의 영원한 화두라고 하지만, 문학 이전에 이것은 곽영도라는 이름인 나한테 더 큰 절실한 물음으로 다가온다. 왜냐하면 정체성, 뿌리에 관한 문제이기 때문이다. 이 대답을 찾기 위해 용기를 내야 했다. 그 용기는 나를 차갑게 객관의 눈으로 바라보는 일로부터 나오는 거였다. 하지만 그러기엔 쉽지 않았던지 써 놓은 글을 살펴보면 곳곳에 어둠이 내려앉아 있다. 비록 어두운 글이지만 그 안에 몸과 넋과 노래로 버무려서 나를 녹여 놓았기에 나한테만큼은 헤아릴 수 없이 깊은 이야기라고 생각한다. 그래서 '이 한 권'이라고 감히 말하고 싶다.

"네가 헛되이 보낸 오늘은 어제 죽은 이가 그토록 그리던 내일이다." 랄프 에머슨이 한 이 말이 가슴에 와닿는다. 오늘을, 이 순간을 열심히 살아야지, 하는 마음이 들게 하는 말이다. 어떻게 세상에 나왔는데 허투루 살아가겠는가. 이 목숨을, 이 삶을 잘 가꿔나가야지 싶어 난 음식을 먹을 때나 걸을 때나 멋진 풍경을 볼 때 그 하나하나를 음미하곤 한다. 다시 못 올 아름답고 반짝이는 별 같은 순간들이어서 놓치면 안 된다. 그리고 언제든 다시 꺼내 볼 수 있도록 저장해 놓으려고 한다. 바로 '쓰는 일'로 말이다. 수필의 세계에 들어오길 정말 잘했다. 수필이 삶을 한 땀 한 땀 박음질하고 감침질하여 더욱 옹골지고 풍성하게 해주리라 믿는다.

  수필의 길에 들어선 지 일곱 해가 된다. 그동안 서정수필뿐 아니라 칼럼 같은 수필도 써 보고 싶고 소설 같은 수필의 길도 걸어가 보고 싶었다. 이런 마음이 다른 수필가에게 조금은 불편한 느낌을 줄 수도 있겠다 싶어 망설였지만 무릅쓰고 이곳에 살짝 드러내어 보았다. 다행히 따스하게 품어 안아준 《수필미학》에 머리 숙여 고마운 마음을 보낸다.

2025년 1월
곽영도

차 례

작가의 말 4

1부 들여다보기

눈물 13

누나 18

삶, 그 뒤 23

내 사랑 보니 28

북아현 스카이라운지 33

눈물에서 웃음으로 38

트로트의 강 42

선택적 함묵의 시절 47

변명 52

잠시 멈추는 시간 58

2부 내다보기

어둠은 빛을 이길 수 없다 65

기자 정신 70

다시 떠오르는 세월호 75

일본에 대하여 80

한 많은 글 84

한 표 89

손흥민과 이강인 94

배운 자들의 해악 99

나라 걱정 105

고시엔의 감동 110

3부 엿보기

세 엄마 새엄마   117

단팥빵   138

형   143

낯선 단어   148

쉬잔 발라동을 생각하며   153

오랜만의 나들이   157

158 내 인생   161

체벌의 기억   165

영광 이발소 아저씨   169

탁란   173

4부 바라보기

소소한가 179

오 교수 185

보고 싶은 것들 190

홀로 깨어 있던 사람 195

좋아하는 일 200

또 다른 여행 204

교단 일기 208

귀농한 선배 213

친구 어머니 218

달걀 동동 커피 223

[작품론] 나를 쓰고 나를 읽는다 | 김향남 227

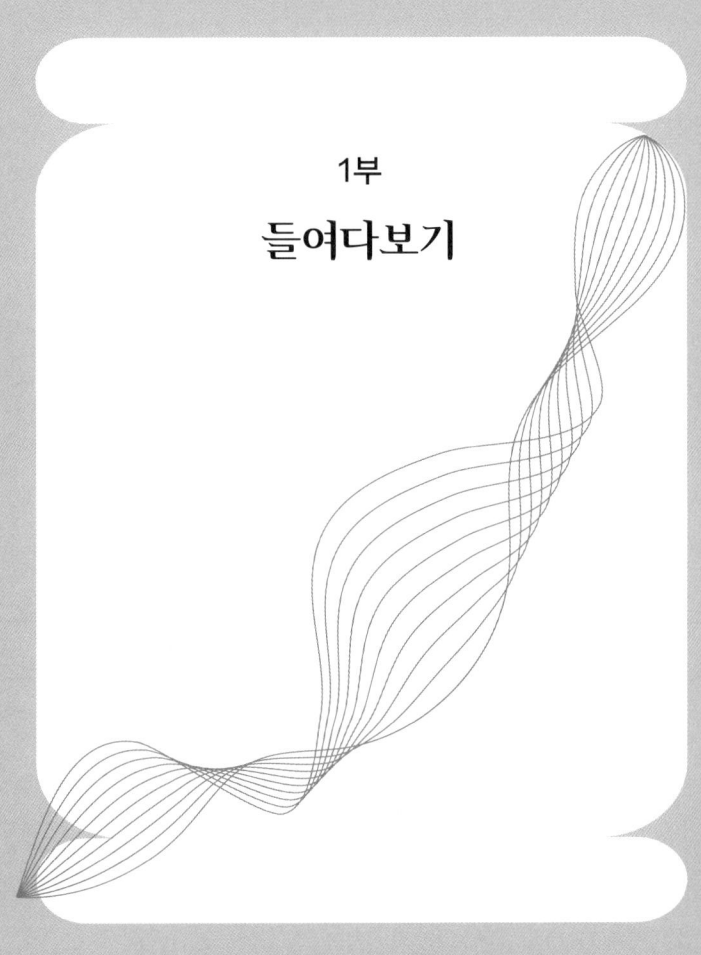

1부

들여다보기

눈물

"너 왜 우니?"

학교에서 더러 우는 애들에게 물어보면 아프기 때문일 경우가 가장 많고, 친구와 갈등이 생겨 울기도 한다. 울면 나오는 게 눈물이다. 때론 울지 않아도 눈물이 나올 때가 있다. 눈에 티가 들어가거나 하품을 할 때가 그렇다.

육체의 고통을 참지 못해 흘리는 눈물은 아프다는 본능적 호소일 것이고, 마음이 아파 흘리는 눈물은 시린 맘을 달래려고 흘리는 눈물이기도 할 것이다. 또 졸리거나 배고픈 아기가 칭얼거릴 때 흘리는 눈물은 원하는 것을 해달라는 일종의 언어이다. 이러한 눈물이 화학적 성분으로 보면 98%가 물이라고 하니 조금은 허무하기도 하다. 하지만 그 속에 담긴 의미가 물 그 이상인 경우가 있으니 세상은 단순한 게 없다.

 학교에서는 우는 주체가 주로 학생들이다. 하지만 보기 드물게 교사가 우는 경우도 있다. 내가 학생일 때 그랬다. 36년 전, 그러니까 중학교 1학년 때다. 정들었던 초등학교를 떠나 중학교 교문을 들어서는 날, 난 유독 큰 두려움을 느꼈다. 미지의 세계에 대한 막연함 때문이기도 했지만 눈앞에 보이는 모습의 생경함 때문이었다. 오래된 건물은 큰 괴물처럼 내게 위압감을 주었다. 하나 같이 짧은 머리에 검정 교복을 입은 아이들이 내 마음에 검은 빛깔보다 더 진한 어두움을 던져 주었다. 뒤돌아서 도망치고 싶었다. 요즘처럼 남녀공학이었으면 덜 그랬을지도 모른다. 규격화되고 획일적인 모습에 주눅이 들었던 나는 그 입학식 날 특별한 사건이 없었다면 질식하여 쓰러졌을 거다. 입학식 중간에 각반 담임교사가 교장의 호명 순서대로 우리 앞에 와서 섰다. 대부분이 남자교사인데 우리 반 앞에 다가와 걸음을 멈춘 분은 뜻밖에도 여자 선생님이었다. 사뭇 딱딱한 분위기 속에서 밝은 유색 옷을 입고 천사처럼 우리 앞에 나타난 선생님은 당연히 눈에 띄었고, 미소를 지으며 우리를 바라보는 모습은 그대로 꽃이었다. 주눅과 우울로 가라앉아 있던 나는 불안을 다소 걷을 수 있었다.

 선생님은 내게 각별한 신경을 써주었다. 농사일 밖에 모르던 아버지는 도시 생활에 적응하지 못하고 방황하며 늘 술로 지냈다. 때문에 당장 먹고사는 일이 큰일이 되었다. 저녁신문만 돌려서는 도저히 생활이 안 되니 할 수 없이 아침 신문까지 돌리기 시작했다. 새벽 네 시에 일어나 신문 돌리고 방과 후 저녁에도 또 신문을 돌리는 다람쥐 쳇바퀴 도는 생활이 이어졌다. 이러다 보니 학교 가면 졸기 일쑤고 하루하루가 고통스러웠다. 끝이 보이지 않을 것 같은 고된 생활이 계속되었다. 모든 사정을 알고 있던 담임선생님은 어느 날 날더러 교무실로 오라고 했다. 불러 놓고 한참 동안을 아무 얘기도 안 하는 거였다. 무슨 말을 하려다가 멈칫하고는 고개를 돌리셨다. 가만히 살펴보니 울고 계신 게 아닌가. 당황한 난 어찌해야 할 바를 몰랐다. 이윽고 마음을 추스른 선생님은 겨우 말씀하셨다.

"네가 어서 빨리 어른이 되었으면 좋겠다."

이러시면서 흘렸던 선생님의 눈물을 난 잊을 수가 없다.

결혼한 뒤 두 아이의 아빠가 된 나는 애들이 초등학교에 들어가기 전까지 책을 읽어 주곤 했다. 어느 날 〈성냥팔이 소녀〉를 읽어줄 때였다. 내 딴에는 실감나게 한다고 마치 동화를 구연하듯 목소리를 흉내 내어 읽어주고 있었다. 문제가 생겼다. 그만 아이들 앞에서 울고 말았다. 감정에 몰입한 나머지 성냥팔이 소녀가 추운 겨울날 성냥 한 개비씩 꺼내어 쬐다가 서서히 죽어가는 장면에서 그만 울컥했다. 눈물을 흘리는 나를 보고 애들이 어떤 반응을 했는지는 기억나지 않는다. 스무 살이 넘은 딸내미는 지금도 가끔 그때 얘기를 꺼내며 "아빠가 동화책을 읽다가 울었다."고 놀린다.

 왜 울었을까. 그 소녀에게서 어떤 절망을 봤길래 딸 앞에서 눈물을 흘리고 말았을까. 어쩌면 성냥팔이 소녀에게서 나를 봤는지도 모른다. 끝없는 절망 앞에서 바르르 떨다 사그라드는 성냥개비와 같은 소녀를 생각하며 흘렸던 내 눈물, 혹시 그 눈물이 오래전에 교무실에서 흘렸던 선생님 눈물과 같은 의미는 아니었을까. 내가 흘린 눈물과 선생님이 흘렸던 당시의 눈물이 같다고는 감히 말하지 못한다. 하지만 비슷했을 거라는 생각은 한다. 어쨌든 안타까운 마음이었으니까.

 단순히 물 98%로 이루어진 액체라고만 설명할 수 없는 눈물의 의미를 되새겨본다. 선생님이 보여준 눈물이 내 삶에 어떤 힘으로 작용했는가를 생각한다. 백 마디 말보다 더 많은 의미를 전달해 준 눈물, 그것은 내 안에 지금까지도 마르지 않은 채 고여 있다. 망망대해를 표류하는 내 인생에서 선생님의 눈물은 삶을 지탱해 주는 닻이었고, 풍랑 때문에 잘못된 곳으로 떠다니지 않게 방향을 잡아주는 돛이었다.

 얼마 전에 하늘의 도움이 있었던지 그때의 선생님을 만날 수 있었다. 36년 만의 재회다. 이미 은퇴해 학교를 그만두셨지만 여전히 예전의 고운 모습은 남아 있었다. 서리는 하얗게 앉았어도 나직한 말투에 배어 있는 사랑은 여전했다. 늙은 사제 간의 수다는 식사를 하면서도 계속되었다. 마치 어제 일처럼 밀렸던 얘기들이 쏟아져 나왔다.

"네가 빨리 어른이 되었으면 좋겠다."라고 하던 오래전 그 말씀, 내 안에 생생하게 살아서 자양분이 되어 날 이만큼 키워냈다. 이제는 버젓이 어른으로 선생님과 마주 앉은 것이다. 대견하게 바라보는 선생님은 웃으면서 또 한 번 눈시울을 적신다. 36년 전과는 다른 눈물이다.

눈물, 그것은 사랑의 또 다른 이름이 아닐까.

누나

휠체어에 앉아서 탁구 경기를 하는 두 여자 선수의 모습을 TV를 통해서 봤다. 리우 장애인 올림픽에서 우리나라와 다른 나라 선수가 경기하는 장면이다. 다리가 불편하여 휠체어에 몸을 의지하여 탁구를 치는데 멀쩡한 사람들 못잖게 잘한다. 다리가 불편해도 운동을 할 수 있다니 놀랍다. 만약 목발을 짚고 있다면 어려웠을 텐데. '목발'을 얘기하니 가슴 애린 옛 기억이 떠오른다.

고등학교 1학년 때 일이다. 어느 날 편지 한 통이 왔다. 누나에게서 온 편지로 잘 도착했다는 내용이다. 떠난 지 나흘 만에 받은 이 편지를 보고 난 가슴이 미어지는 듯했다. 비 오는 어느 여름날, 몸이 불편한 누나를 쫓아내다시피 떠나보낸 뒤 한동안 멍하게 지냈다. 목발을 짚고 힘겹게 오르내리던 좁은 계단과 앉은뱅

이걸음으로 미끄러지듯 방바닥을 옮겨 다니던 누나 모습이 어리었다.

  누나를 만나 함께 생활하게 된 건 잘 아는 K형 부탁 때문이었다. 내가 고등학생 때다. 스무 살이 조금 넘어 보이는 누나가 목발에 의지하여 내 앞에 나타났다. 소아마비를 앓아서 하반신을 전혀 쓸 수 없는 분이었다. 장애인 시설에서 봉사활동을 했던 K형은 그곳에서 이 분을 만났다. 누나와 친하게 지내다가 나중에 사랑하게 되었고 결혼할 생각으로 시설에서 데리고 나왔다. 하지만 형 집에서 막무가내로 반대를 하여 얼마 안 되어 쫓겨 나왔다. 오갈 데 없는 처지에서 형은 고민하다가 혼자 자취하는 내게 부탁을 하기에 이르렀다. 당장 거처할 데가 마땅찮은 다급한 상황이니 방을 구할 때까지 잠깐 머물러 있게 해달라고 했다. K형은 내가 힘들 때 도와주고 위로해 준 사람이었기에 부탁을 거절할 수 없었다.

  누나랑 막상 함께 살게 되니 문제가 많았다. 다 큰 남녀가 한 방에서 지낸다는 것도 그렇지만, 그 당시 내가 살고 있는 집은 달동네 꼭대기 지하방이었다. 수도나 하수도 시설이 안 되어 있고 화장실도 바깥에 떨어져 있어서 계단 오르내리기를 자주 해야 하는 열악한 환경이었다. 이런 곳에서 장애의 몸으로 생활한다는 건 상상할 수 없을 정도로 힘든 일이었다. 어쨌든 이와 같은 조건을 무릅쓰고 누나는 짐을 싸들고 왔다.

K형은 날마다 찾아와서 누나를 업고 계단을 오르내리는 일을 도와주었다. 외출도 하여 답답함을 달래주었다. 누나는 컴컴하고 비좁은 데서 힘들게 지내면서도 형이 찾아오면 행복해하는 듯했다. 그게 누나의 유일한 낙이었다.

누나는 나를 친동생처럼 대해 주었다. 학교 갔다가 허기져 들어오는 날에는 따뜻한 밥상을 차려 줬다. 지저분하기 짝이 없던 방과 부엌을 청소하여 엄마가 있는 여느 가정의 기운을 느끼게 해줘 기뻤다. 인생을 살아가는 데 힘이 되는 얘기를 해줄 때는 친누나 같기도 했다. 그렇지만 불편한 몸으로 이와 같은 일을 하는데 얼마나 많은 시간과 노력이 들어갔을까를 생각하니 마음이 무거웠다.

잠시만 머문다는 얘기와는 달리 날짜가 여러 날 가도 K형은 이렇다 할 해결책을 내놓지 못하고 있었다. 게다가 방문하는 날이 점점 줄어들었다. 그러더니 어느 날부터는 발길을 끊는 게 아닌가. 그렇게 한 달, 두 달이 갔다. 무책임한 형의 태도에 누나와 난 큰 걱정을 했다. 모든 짐을 내게 던져놓고 이게 웬일인가 싶었다. 형에게 연락을 자주 했지만 연락이 안 될 때가 많았고 어쩌다 전화통화가 되면 미안하다는 말밖에 하지 않았다. 경제적인 문제도 그렇지만 눈앞의 내 미래를 위한 준비도 해야 하는데 언제까지 이렇게 살아야 하나 생각하니 캄캄했다. 누나와 나는 점점 지쳐갔다. 형에게 인간적인 배신감과 증오심이 생기기 시작했다.

어느 날인가 내가 학교 간 뒤에 주인댁 할머니가 누나에게 찾아와서 심한 말을 했다고 누군가에게 전해 들었다. 한참 공부하고 살아야 하는 학생 집에 와서 이렇게 어려움을 줘야 쓰겠느냐, 더 이상 피해를 주지 말고 떠나라고 했다 한다. 할머니는 평소에도 나를 안타깝게 생각하여 누나를 보내라고 자주 얘기하곤 했던 터였다.

형의 발길이 끊어지고 한참이 더 지난 뒤, 견디다 못해 누나는 짐을 쌌다. 떠나겠다는 결심을 한 것이다. 그러는 누나에게 난 가지 말라는 말 한마디 하지 못했다. 누나는 경상도 어디께 아는 언니 집으로 떠났다.

누나는 편지에 그동안 불편하게 해서 미안했고 공부 열심히 하면서 잘 지내라고 짤막하게 적어 보냈다. 나도 답장을 했는데 울며 쓴 기억 말고 무슨 내용을 써 보냈는지 모르겠다.

그때는 장애인에 대한 사회적 관심이 많지 않은 때라 누나가 살아가기엔 너무도 불편했다. 가는 곳마다 벽이고 낭떠러지였다. 목발 대신 요즘처럼 그 흔한 휠체어라도 있었으면 얼마나 좋았을까. 나 살던 집이 지하가 아니었으면, 아니 지하라도 경사로라도 있었으면…. 이런 부질없는 생각이 30여 년이 지난 오늘, 리우 장애인 올림픽을 보면서 스쳐간다.

광화문 지하도를 지나는데 휠체어를 탄 두 분과 함께 있던 한 여성분이 '장애등급제 폐지, 부양의무제 폐지'라고 적힌 종이를 내밀며 서명을 부탁한다.

　서명하는 동안 목발 짚은 누나 모습이 떠올랐다.

삶, 그 뒤

학교에서 자살 예방과 생명존중 교육을 할 때다. 어떻게 하면 우리 목숨이 소중한가를 아이들에게 일깨워주는 게 목표다. 존재의 소중함을 어린아이들에게 알려주는 일은 쉽지 않다. 어떻게 설명할까 고민하다가 문득 한 가지 방법이 떠오른다. 분필을 들어 칠판 이쪽 끝에서부터 저쪽 끝까지 긴 선을 긋는다. 그리고 그 선 위 한가운데에 선명하게 점 하나를 찍고는 아이들을 바라본다.

"이 긴 선은 죽음을 나타내요. 그리고 선 위에 찍은 점은 우리가 살아있는 동안을 나타내는 삶의 시간입니다."

죽음의 긴 선과 외로이 찍혀 있는 삶을 표현한 점이 대조적으로 시각화되어 있다. 죽음의 너른 바다 위에 삶은 아주 작은 섬에 불과하다. 생명의 소중함을 설명하는데 적절한 예라고 나 스스로 만족해한다. 죽음의 길이에 비하여 점으로 된 생명의 시간은 얼마나 짧은가. 그려놓고 보면서 전율을 느낀다.

"삶은 우리에게 주어진 귀한 선물입니다. 엄청난 경쟁을 뚫고 받아낸 이 선물을 여러분은 소중하게 생각해야 합니다."

이 얘기가 아이들에게 실감 나게 다가가길 바라지만 장담할 수는 없다. 태어난 지 이제 겨우 십 년 남짓한 아이들에게 삶과 죽음을 이해시키긴 힘들다. 선보다는 점 안에 펼쳐진 삶이 더 넉넉하게 느껴지고 있을 아이들에게 죽음이란 웬 말인가.

우리 모두 언젠가는 삶을 잃는 순간이 온다. 행복하든 불행하든 흔적 없이 허망하게 끝나버리는 게 목숨이다. 받아들이기에 마음이 불편하지만 인간의 피할 수 없는 운명이다. 그렇기에 죽음을 맞이하기 위한 준비를 잘해야 한다고 사람들은 얘기한다. 그래서 샐리 티스데일의 《인생의 마지막 순간에서》는 삶의 마침표를 잘 찍기 위한 우리들의 태도와 준비를 섬세하게 일러 준다.

그렇다면 마침표를 잘 찍기만 하면 되는가. 거기서 생각을 좀 더 진행해 본다. 마침표 그 뒤를 말이다. 삶 그 뒤에는 긴 선. 죽음의 선이 이어진다. 이승에 잠시 나와 소풍을 즐기고 난 뒤 돌아가 저승의 하염없는 시간을 걸어가야 하는 우리다. 긴 선 어디엔가 또다시 소풍의 순간이 온다는 보장은 없다. 그저 한도 끝도 없는 절대 고독의 시간이 망망대해처럼, 짐작할 수 없이 깊고 넓은 우주처럼 진행될 뿐이다. 그래서 죽음이 두려운 것이다. 이런 냉정하고 거역할 수 없는 사실이 결코 사실이 아니기를 간절히 바라지만 허망할 뿐이다.

그 허망함을 메우기 위해 사람들은 종교를 찾는다. 살아있는 동안 느끼는 죽음의 두려움에서 벗어나 다소의 안도감을 주는데 종교는 큰 역할을 한다. 죽음을 승화시켜 그 공포에서 벗어날 수 있는 안식처를 잘 마련해 놓았기 때문이다. 천국, 영생, 구원, 열반 등이 그것이다. 그래서 나도 몸서리치는 이 죽음에 대한 두려움을 이겨내려고 신앙의 길을 찾기도 했다. 그리고 그런 기회가 한때 왔었다.

대학 1학년 때다. H와 나는 서로 사귀는 사이었다. 나는 입학한 뒤 공부는 멀리한 채 술과 담배, 그리고 데모로 나날을 보내고 있었다. 그러던 어느 날 H가 내 삶 안으로 들어온 것이다. H는 독실한 기독교 신자였고, 무늬만 신자인 난 그저 교회 오빠 같은 사람이었다. 고등학교 시절에 교회를 다닌 적이 있지만 신앙심은 자라지 않았다. H는 방황하는 나를 위해 어서 구원의 길에 들어서 달라고 기도를 간절히 해주곤 했다. 그는 이미 구원의 확신으로 늘 행복하고 평온한 모습이었다. 어찌 저럴 수 있을까, 부러웠다. 아마도 착하고 순수한 사람이니까 신앙의 성장이 잘 이루어지는 것이겠거니 생각했다. 어느 때부턴가, 나도 믿음이 생기길 진심으로 원했다. 그것이 죽음의 공포에서 벗어나는 길이라고 느꼈기 때문이었다. 열심히 기도하면 믿음의 자녀가 되어 구원의 확신이라는 선물을 받고 기쁨을 누리겠거니 생각했다. 하지만 난 H처럼 순수하지 못하고 영악했던 모양이다. 보이지 않고 손에 잡히지 않는 저 높은 곳에 있는 막연한 구원보다는 당장 피부에 와닿는 시원한 바람과 딛고 있는 땅의 넉넉함이 내겐 더 절실하고 중요했다. 까치발을 들어 높은 그곳에 있는 것을 잡기엔 내 키가 너무도 작았다. 작으면서 영악하기까지 했으니 구원은 요원할 수밖에. H는 내게서 더 희망을 찾을 수 없다고 판단했던지 찬 바람이 불던 어느 날 결별을 통보한 뒤 떠났다. 그렇게 구원의 기회를 놓친 뒤 30여 년을 훌쩍 넘어 오늘에 이르렀다.

어느 날 대학 동기 모임 자리에서 뜻밖의 얘기를 들었다. H가 백혈병으로 하늘나라에 갔다는 거였다. 이미 8년이 되었다고 했다. 결혼하여 두 아이 낳고 잘살고 있다고 했는데 이게 웬일인가. 믿기지 않았다. 뜻밖의 소식에 H와 제일 친한 사이였던 S에게 전화를 걸어 H가 세상 떠날 즈음의 얘기를 좀 들려달라고 했다.

백혈병이라는 청천벽력과 같은 진단을 받은 H는 서울에 있는 큰 병원에 입원했다고 한다. 멸균실에 누워 유리벽을 사이에 두고 문병 온 친구에게 "내 안에 주님이 있고 주님 안에 내가 있으니 염려하지 마."라며 오히려 친구를 안심시키며 미소를 지었다고 한다. 골수 이식을 권유한 병원 소견조차 따르지 않고, 자연치유와 기도로써 극복하려 했다 한다. 퇴원하여 투병하던 H는 한동안 친구들과 만나는 등 조금 좋아지는가 싶었는데, 이듬해 급격하게 나빠져서 그만….

칠판에 그은 선을 다시 떠올려본다. 한 점(삶)을 지난 선은 하염없이 길게 뻗어나가고 있다. 칠판 틀을 뚫고 복도 벽을 통과하여 밖으로, 저 멀리 끝도 없이 나아가고 있는 선, 죽음의 선이다. 죽음의 선? 아니다. 이제는 그것이 결코 죽음의 선이어서는 안된다. H를 위해 그것은 구원의 선, 영생의 선이어야 한다. 어쩌면 언젠가 맞이할 나의 선일 수도 있기에….

내 사랑 보니

어느 날, 책꽂이 정리를 하다가 사진 한 장이 문득 눈에 띄었다. 다이어리 갈피에 꽂아놓았던 사진이다. 하늘색 남방과 회색 바지를 입은 교복 차림의 남학생들은 앞에서 지휘하는 학생의 손끝에 몰두하여 열심히 노래하고 있다. 교내합창대회 사진이다. 중학교 1학년 앳된 얼굴들이지만 지휘하는 학생은 뒷모습만 보인다. 60여 명 앞에 서서 당당하게 지휘봉을 놀리는 까까머리 아이, 바로 나다. 더불어 그때의 담임 선생님이 자연스럽게 떠오른다. 1980년대 초였으니 40년이 훌쩍 넘은 그 오래전에, 당시 드세기로 소문난 남자 중학교의 열정 넘치는 여선생님이었다. 그리고 인생 최대의 어려운 시기를 보내고 있던 나의 담임 선생님이었다.

졸업한 뒤 선생님을 가끔 찾아뵈었고 퇴임하신 얼마 뒤에도 일 년에 한두 번씩 만나 식사를 하곤 했다. 그러던 중 어느 날 놀라운 일이 일어났다. 서울에서 오랫동안 사시던 선생님은 김포의 둘째 아들 집 가까이로 이사 하셨다. 그곳은 마침 내가 사는 동네였다. 우연이라고 하기엔 절묘하고 기막힌지라 선생님과 나는 신기하게 생각했다. 그 뒤 석 달에 한 번꼴로 만나 식사도 하고 지난 이야기도 나누고 있다. 사진을 발견하기 얼마 전에도 그렇게 만나고 있었다. 그 자리에서 문득 선생님이 꺼내신 말씀이 마침 합창대회 얘기였다.

"너 기억나니? 교내합창대회 때 네가 지휘했던 일 말이야."

"물론이지요. 기억뿐이겠어요. 얼마나 생생한데요. 그때 '내 사랑 보니'를 불렀잖아요."

70대의 선생님과 50대의 제자는 타임머신을 타고 40여 년 전 옛 추억 여행을 했다. 여행 중 머무른 곳은 교내 합창 대회를 했던 학교 강당이다. 선생님은 순간 뭉클한 감정으로 추억의 장소를 방문하셨다. 그때의 일을 가끔 생각해 왔던 나도 선생님의 말씀으로 새삼스럽게 추억을 떠올렸다. 기억을 한다는 것은 얼마나 소중한 일인가. 추억에 잠긴다는 것은 그야말로 선물과도 같다. 선생님과 나는 그 합창대회에 얽힌 이야기 속으로 들어갔다.

지휘자로 뽑힌 일은 내게 큰 상이었다. 그 당시 학교에서는 봄마다 교내합창대회를 열곤 했다. 1년 행사 중 체육대회와 더불어

손꼽힐 만한 큰 행사였다. 한 달여 이상을 준비하여 무대에 오르기까지 담임 선생님과 아이들의 관심과 열정은 무엇과도 비교할 수 없을 만큼 컸다. 반주자와 지휘자는 모두 학생이었다. 각반 담임들에게는 이 두 학생을 선발하는 일이 합창대회 준비의 가장 큰 과제였다. 반주자는 피아노를 잘 쳐야 하기 때문에 물론 연주 실력을 보고 뽑는다. 하지만 지휘자 선발 분위기는 달랐다. 소위 가정 형편이 좋고 학교와 학급에 관심을 많이 드러내는 부모가 있는 아이들이 유리하다. 그럼에도 불구하고 선생님은 이 해의 지휘자 선정과정을 다르게 했다. 그동안의 관행이나 관례를 따르지 않고 다른 기준으로 뽑았다. 생활 형편이 어려운 나를 지휘자로 뽑은 건 파격이었다. 힘겹게 살아가는 내게 용기와 희망을 주려는 선생님의 배려였다. 난 그때 사실상 소년가장으로 하루하루 힘겹게 살아가고 있었다. 새벽에 일어나 조간신문 배달을, 방과 후에는 석간신문 배달을 한 뒤, 저녁 늦게 돌아와 집안일을 하는 고된 생활을 하는 처지였다. 희망 없는 삶 속에서 합창대회의 지휘자 역할을 맡게 된 일은 내게는 아주 큰 의미가 있었다. 망망대해를 헤쳐나갈 자신감과 용기를 가져다주었기 때문이다. 많은 친구들이 내 손끝을 바라보며 노래를 하는 모습, 이 얼마나 유쾌하고 장한 일인가. 합창곡은 지정곡과 자유곡 두 곡이었는데 그중 자유곡이 외국곡인 '내 사랑 보니'였다. 변성기 전의 맑은 목소리로 2부 합창하기에 적당한 곡이었다. 지휘하던 나는 잘해

내야겠다는 생각 때문인지 대회 당일 오른팔에 경련이 일어났던 아슬아슬한 일도 기억난다.

  2017년 수필가로 등단할 때 천료작이 〈눈물〉이었는데, 그 작품의 주인공이 바로 선생님이다. 내가 인생의 깊은 골짜기를 지날 때 선생님이 내 앞에서 흘리신 눈물이 이날까지 살아가는 원동력이었음을 표현한 글이었다. 위로와 격려의 말씀을 해주시려고 선생님은 어느 날 교무실로 나를 부르셨다. "영도야, 얼마나 힘드니…"까지 말씀하시고 울컥하셔서 말을 잇지 못하셨던 그 짧은 장면, 그리고 동료 선생님들이 아이 불러놓고 운다고 놀리기까지 했던 그 순간이 영화의 한 장면처럼 내 기억 속에 색 바랜 필름으로 돌아가고 있다. 짧은 순간 일어난 일이 얼마나 긴 여운을 남겼는지 난 체험했다. 그때가 가을쯤이었으니 봄에 있던 합창대회에 나를 지휘자로 선정하게 된 연유를 알 수 있었다.

  사진을 핸드폰으로 찍어서 선생님께 전송해 드렸다.
  "귀한 사진을 보관하고 있다니 정말 감동이구나!"
  선생님의 기분 좋아하시는 모습이 전해졌다.
  그 한 장의 사진 속에는 많은 이야기가 담겨 있다. 사진에서는 보이지 않지만, 앵글을 조금 벗어난 곳에는 분명 단발머리의 30대 여선생님이 계셨을 것이다. 내 지휘에 몸으로 리듬을 타시면서 조마조마 긴장된 모습으로 말이다.

 사진 속에서 난 여전히 지휘를 하고 있고, 반 친구들은 내 손의 움직임에 따라 아직도 노래를 부르고 있다.

 '저 머나먼 바다 건너서 아무도 모르는 곳에 그리운 내 사랑 보니는 고요히 잠자고 있네~'

북아현 스카이라운지

친구들과 홍천 비발디로 1박 2일 계획을 잡아 놀러 갔다. 보통은 석 달에 한 번꼴로 사당이나 신촌 같은 곳에서 낮에 만나 저녁때까지 술 마시고 이야기 나누는 정도였는데 이번엔 통 크게 하룻밤을 지새우면서 놀자고 했다.

이 친구들은 어떤 인연으로 맺어졌는가. 사십여 년 전, 그러니까 내가 고등학교 다닐 때 살던 자취방에 드나들던 벗들이다. 지금은 개발되어 흔적이 없어진 북아현동 산꼭대기에 있던 내 보금자리는 그야말로 사랑방이었다. 비좁은 지하실 방이지만 고등학생들이 따로 놀고 쉴만한 자리가 없던 그때에는 편안하고 아늑한 곳이었다. 이곳을 일컬어 '북아현 스카이라운지'라고 했다. 조그만 창문으로 저 멀리 서울 남산타워도 보이고 여러 건물과 자연 풍광을 내려다볼 수 있으니 그럴싸하다 하여 내가 붙인 이름이다.

내가 여기로 이사 오려고 할 때 주인집에선 세를 놓을까 말까 망설였다고 한다. 주인집에 초등학교 다니는 아이들이 셋이나 있었기 때문이다. 부모 없는 고등학생이 세 들어 살면서 혹시나 어린아이들 교육상 안 좋은 모습을 보일까 봐 염려한 것이다. 하지만 교회도 다니고 학교 공부도 잘하는 성실한 학생이라는 소문 때문에 어렵게 허락했다.

소문대로 난 조용하면서도 올바른 생활을 하는 고등학생이었다. 주인집에 가끔 드나들며 밥도 얻어먹고 두 딸 공부도 시켜주면서 괜한 걱정이었음을 보여줬다. 그래서 주인집에서는 나를 깊이 인정을 해줬다. 방학 때면 주인집 식구들은 경기도 광주 시골집에 일주일여 머물다 오곤 했는데 나를 데려가려고도 했을 정도였다. 시골 냇가에서 물고기 잡아 어죽 쑤어 먹는 일이 너무 재밌으니 함께 가자고 조르던 주인집 딸이 기억이 난다.

그런데 주인의 이 믿음이 어느 때부터인가 걱정으로 바뀌게 되었다. 스카이라운지에 내 친구들이 들끓기 시작하면서부터다. 친구들이 삼삼오오 몰려오면 아무래도 시끌벅적할 수밖에 없다. 한창 먹을 때고 신나게 놀고 싶을 때다. 화투나 카드놀이도 하고 기타 치며 노래도 부르곤 했다. 그런 친구들에게 나는 라면도 끓여주고 밥과 순두부찌개 같은 것도 해 주며 더욱 오고 싶은 곳으로 만들었다. 애들이 올 때 여러 가지 음식도 가져오곤 했는데, 특히 부모가 식당 하는 친구가 오는 날엔 바리바리 싸 가져온 음식으로 잔치를 벌이곤 했다. 그럴 때면 혼자 있을 땐 잘 안 먹던 나도 이것저것 함께 많이 먹어댔다. 여기까지는 좋았다. 하지만 나중에는 술과 담배도 하게 되었다. 그리하여 기어코 주인집 눈 밖에 나게 되었다.

주인집 할머니는 나를 걱정하기도 하고 실망도 하여 몇 차례 잔소리를 하였다. 하지만 난 멈출 수 없었다. 친구들이 오는 게 기뻤고 재미도 있지만 무엇보다 외로움을 달랠 수 있어서 좋았다. 외로움, 그것은 내게 견디기 힘든 병이었다.

한 해 앞서 중학교 3학년이던 시월에 아버지가 돌아가시어 혼자 남게 된 나는 어찌 살아가야 하나 막막했었다. 아버지의 오랜 병간호로 지친 현실을 벗어나 자유롭기를 바랐지만, 막상 혼자가 되니 두려움이 일었다. 연합고사를 치르고 난 뒤 서서히 현실에 적응해 나가게 되었다. 혼자만의 자유로움이 싫지만은 않게 되었지만 외로움을 안은 채였다. 중학교 졸업에 앞서 하루는 담임 선생님이 나보고 교장실로 가 보라고 했다. 무슨 영문일까 궁금해하며 교장 선생님을 만났다. 교장 선생님은 무거운 제안을 하셨다. 어떤 분이 나를 양자로 들이고 싶다고 하니 뜻이 있느냐고 물었다. 학교 육성회 임원인데 자기 아이도 가르치며 함께 살면 대학까지 마칠 수 있도록 뒷바라지를 해주겠다는 얘기였다.

앞일을 생각하면 나로서는 솔깃할 만한 제안이었다. 하지만 난 혼자 살겠다고 정중히 말씀드리고 나왔다. 외롭기는 하지만 내 안에서 '자유롭게 살기'가 더 큰 가치로 다가왔기 때문이었다.

이렇게 해서 누리게 된 자유는 비록 궁핍한 생활일망정 그럭저럭 좋다는 느낌을 받았다. 누구의 참견도 받지 않고 마음껏 친구들과 지내는 내용으로 채워나갈 수 있었기 때문이다. 하지만 때때로 불쑥 찾아드는 외로움은 인내를 요구했다. 시끌벅적 놀다가 날 저물면 새들이 둥지로 날아가듯 자기 집으로 가버리는 친구들이 남긴 공허함, 그것은 작지 않았다. 홀로 무대에 남겨진 배우처럼 쓸쓸하고 차가운 현실을 마주할 때 드는 생각은 또 다른 내일을 기다리게 했고, 그 기다림 속에 또 맞이한 여러 만남은 나를 위로해 줬다. 외로움이라는 여백을 친구들이 촘촘히 메워주기를 원했던 그때였다.

이로 말미암아 어찌 됐든 주인집에는 배신의 모습을 보이게 됐다. 생각하면 할수록 너무 미안했지만 삶의 방식을 바꿀 수 있는 단호함이 그땐 내 안에 없었다.

이렇게 즐거움과 아쉬움과 무서움이 함께 있었던 곳, 북아현 스카이라운지가 오랜 세월 지난 지금 더욱 그리워지는 까닭은 무엇일까. 꿈도 많고 어려움도 많았고, 또 질풍노도의 사춘기 때여서 그랬던 것일까.

얼마 전에 그 언저리를 가 보았다. 골고다 언덕 같았던 달동네가 통째로 사라졌다. 나와 친구들이 수없이 밟아 발자국을 남겼을 그 언덕길과 계단 길은 다 어디로 갔단 말인가.

비발디의 밤은 깊어가고 우리가 나누는 북아현 스카이라운지 추억도 술과 함께 흠뻑 젖어들었다. 그때로 다시 돌아가 보고 싶다고 누군가 얘기했다. 다른 몇몇 친구들도 고개를 끄덕였다. 나도 잠깐만 가 보고 싶었다. 그 위험한 북아현 스카이라운지 시절로….

눈물에서 웃음으로

 스승과 제자는 잔을 부딪쳐 건배를 외치며 큰 소리 내어 웃는다. 선생님과 나는 기어코 만날 운명이었던 모양이다.
 서울 개포동에서 오랫동안 살던 선생님은 김포 아들 신접살림 집 가까이로 이사를 했다. 그곳이 40여 년 전에 가르치던 제자가 사는 동네인 줄은 모른 채. 내가 바로 그 제자다. 우연이라고 하기엔 너무 기막혔다. 이 사실을 알고 나서 선생님도 나도 놀랐다.
 '우리 당장 만나!'
 이런 노래가 여기에 딱 들어맞았다. 당장 선생님과 만나 한 잔의 술과 지난 이야기에 시간 가는 줄 몰랐다.

 중학교 졸업 뒤 선생님을 다시 만난 것은 그 뒤 한참 만이다.

선생님은 퇴임하셨고 난 중년의 나이가 되었다. 선생님을 만난 어느 날 내 등단 작품이 수록된 잡지 《계간수필》(2017)을 선생님께 보여드렸다. 추천완료 작품 〈눈물〉이다. 가장 힘들었던 중학교 1학년 때 선생님이 내 앞에서 흘린 눈물로 힘을 내어 살았다는 내용의 작품이었다. 그때의 물리적인 눈물은 말랐지만 내 마음을 적신 정신적인 눈물은 여전히 남아 이 날 선생님을 만나 옛날이야기를 하였다.

국어 선생님이셨고 한때 극본도 쓰신 경험이 있던 분이라 〈눈물〉을 읽으신 뒤 잘 썼다고 평을 해주셨다. 옛날 생각에 감정이 북받치시는지 눈물을 닦아내며 말씀하셨다.

"힘든 네게 해준 게 하나도 없었는데 이게 웬일이냐. 이런 수필 속에 감히 내가 나올 만한지 모르겠구나."

"그때 선생님의 눈물이 세상 그 어느 것보다 제겐 큰 위로였고 선물이었어요."

이렇게 말씀을 드리는데 나도 그만 울컥해졌다.

이렇게 서울에서 만나 얘기를 나누었는데 그 뒤 한참 만에 김포 우리 동네 언저리에서 오늘 만난 것이다.

선생님은 현직에 있을 때보다 요즘 더 많이 바쁘다고 한다. 여고 동창회 회장을 맡아서 바쁘고 장가간 두 아들네 왔다 갔다 하며 손주 재롱 보느라 바쁘다고 하신다. 또한, 세계 여러 곳으로 여행을 다니는데 그 재미를 느끼느라 바쁘다고 하여 우린 함께 웃었다. 연세보다 더 젊어 보이고, 여전히 열정이 철철 넘치며 즐겁고 건강하게 지내시는 선생님이 얼마나 좋아 보이는지 모른다.

선생님은 어려서부터 큰 어려움 없이 유복한 가정에서 잘 살아왔다고 하신다. 결혼해서 가난하게 살아온 남편을 만나서 좀 힘들었을 뿐 두 아이 장가보낸 지금은 너무 행복하다고 하신다.

난 생각을 해본다. 경기여고를 나오고 이화여대를 졸업한 부잣집 딸이던 선생님은 어려움 없이 살아오셨는데 힘든 제자의 힘든 처지에 대해서 어쩌면 그렇게 측은지심을 가지셨을까. 우주의 별만큼 사람들의 모습과 마음가짐은 여러 모양이다. 그 다양한 마음 중 남의 아픔을 내 것인 양 공감하며 같이 눈물 흘릴 수 있는 사람은 그리 많지 않다. 그런 분을 만났으니 난 참 운이 좋았다.

"네가 잘 살아줘서 오늘 이렇게 또 만나 웃는구나. 정말 고맙다."

선생님은 대견스러워하며 평소보다 많은 양의 술을 드셨다. 그러나 댁이 멀지 않기에, 그리고 건강한 모습이시기에 안심이 되어 굳이 말리지 않았다. 나도 덩달아 함께 취하는 데 주저하지 않았다.

눈물이라는 주제로 글을 썼으니 이제는 웃음이라는 주제로 글을 써도 되지 않을까 생각해 본다.

아득히 먼 얘기 같던 중학교 시절, 젊은 여선생님은 내게 큰 누님으로, 아니면 어머니로 오셨다. 만약 다른 선생님을 만났다면 어쩌면 난 험난한 세상을 견디며 살아나가는 데 어려움을 겪었을지 모른다. 누구를 만나느냐는 인생에서 정말 중요한 사건이다. 난 좋은 선생님을 만나 나름 좋은 삶을 꾸려나갈 수 있었다. 그러니 좋은 만남은 세상에 태어나는 일만큼이나 엄청난 일이다.

선생님과 나는 얼큰하게 취해서 웃으면서 헤어졌다. 김포의 어둑한 밤하늘에 별 하나가 유난히 반짝인다. 아주 오래전에 떠난 별빛이 이제야 내게 다가와 빛나는 게 아닐까 생각하며 발걸음을 휘적휘적 내딛는다.

트로트의 강

"노래 불러. 네 차례야."

친구들이 재촉한다. 참 빨리도 돌아온다. 남들 노래 감상할 시간도 없이 이번엔 뭘 불러야 하나 고민하는 시간 때문에 숨이 가쁜 노래방 풍경이다. 앞에 다른 친구들이 부른 노래는 세련된 발라드풍이나 최신 유행곡이다. 어떻게 된 게 나이를 먹어도 아직도 저런 젊은 취향의 노래들을 부르는지. 나이 쉰 살이 넘었으면 거기에 걸맞은 전통가요쯤은 불러야 하는 것 아닌가. 조금 짜증이 몰려온다. 에라, 모르겠다. 그냥 내 하던 노래를 불러야겠다. 아까 부르던 풍의 노래를 또 고집스럽게 부른다. 발라드의 평탄한 길에 방지 턱이 나타나 덜컹거리는 느낌이 들지만 어쩔 수 없다. 이런 노래를 좋아하는 걸 어떡하란 말인가.

트로트 음악을 난 왜 좋아하게 되었을까. 거슬러 올라가 보면 초등학생 때던가. 서울 달동네에 세 들어 살았을 때, 집주인 아주머니는 이런 음악을 종종 틀어 놨다. 주인댁 방과는 마루 하나를 사이에 두고 살았기 때문에 내 의지와는 상관없이 전축에서 흘러나오는 노래를 꼬박 들어야 했다. 그러다 보니 나도 모르게 귀에 박여 좋아하게 된 것 같다. 학교에서 배운 노래보다 더 좋았다. 청소년이 된 뒤에도 이런 내 음악 취향은 계속 이어졌다. 친구들이 최신가요다, 팝송이다 하며 유행을 따를 때도 난 전통가요를 고집하였다. 친구들은 나를 보고, "넌 우리 부모님이 좋아하는 풍의 노래를 즐겨 듣는구나."라며 놀렸다. 그런 소리가 듣기 싫어 남모르게 트로트를 감상하던 때도 있었다. 죄지은 사람처럼 그러는 나를 가만히 생각하니 웃음이 나왔다. 트로트가 친한 친구라면 팝송이나 다른 노래들은 덜 친한 친구이거나 낯선 사람 같았다. 나와 같은 음악적 정서를 가진 사람이 있다면 그와 친해질 수 있을 것 같았다. 나이 들어가면서 편안한 마음으로 사색에 젖게 하는 노래가 전통가요고 트로트라고 난 생각했다.

트로트가 식민 잔재의 소산이라고 깎아내리는 사람들도 있다. 일본의 '엔카'를 의식한 소리다. 엔카는 일본인 특유의 감각이나 정서에 기초한다. 자유롭고 따뜻한 정이 바탕이 된 우리나라 서민음악과는 정서의 시작부터가 다름을 가볍게 여긴 데서 나온 잘못이다. 또한 엔카는 청일이나 노일전쟁 때 군가로 시작한 것이 2차 세계 대전의 패배로 아픔을 잊기 위한 애수와 사랑 이야기로 변모되어 왔다고 한다. 반면에 트로트는 우리 고유의 민속풍 노래에 서양에서 들어온 폭스 트로트의 영향이 곁들여지면서 나름의 독특한 장르를 형성해 왔다고 한다. 이것이 정설인지는 알 수 없지만, 어쨌든 이런 배경을 가진 트로트를 내 음악 정서에서 으뜸으로 하고 있다.

"음악은 현실을 잊게 하고 시공간이 사라져버리는 비밀스러운 세계로 우리를 끌어들이며, 미지의 그 어떤 것에 대한 무한한 동경을 마음속에 일깨운다."

그리스 로마 이야기 〈세이렌의 노래〉 편에 나오는 얘기다. 이 말에 크게 공감한다. 트로트를 들을 때면 내가 행복해지는 이유를 아주 적절하게 대변해주고 있다. 그림을 그릴 때나 일을 할 때에 트로트와 함께 하면 마냥 좋은 것은 그 순간만큼은 시공간을 벗어나 상상의 나래를 펴고 날아서다. 캔버스에 나타낸 세밀한 형태 곳곳에 애잔한 노랫말이 스며들어 가고, 붓끝 움직임으로 덧입혀지는 빛깔은 음률과 버무려져 그림 속 여기저기에 숨바꼭질하듯 숨어든다. 잠시 뒤 그림을 바라보면 음절 한 자락이 빼꼼히 얼굴을 내밀면서 재밌는 추상과 구상으로 내게 나타나곤 한다. 일을 할 때에도 힘이 덜 들게 거들어주는 좋은 도움 친구다. 하다못해 집 안 청소할 때조차 스마트폰에 모여 있는 트로트 친구들을 불러내어 장단에 따라 손발을 움직이면서 하면 힘든 줄 모르고 너끈하게 일은 끝난다. 듣는 것에 그치지 않고 함께 따라 부를 때는 더 흥이 난다. 작은 소리로 부르지만 내 안에서는 큰 울림으로 행복과 위로를 주는 노래, 따뜻하고 애틋한 이야기와 애잔하고 슬픈 추억을 함께 주는 게 트로트다.

즐겨 들으며 오래전부터 나와 함께 했던 노래, 내 안에 흐르고 채워준 이 노래야말로 가슴 밑바탕을 돌아 나오는 강이다. 이 강에는 맑고 깨끗함만 흐르는 게 아니다. 때론 슬픔을, 때론 웃음을 실어 나르기도 한다. 또한 바로 가기도 하고 굽이굽이 흐를 줄도 안다. 거칠고 탁하지만 서두르지 않고 흘러간다.

삶은 흔히 연극무대라고도 한다. 희로애락을 안고 돌아가는 마당이기 때문이다. 그렇다면 배우들의 습관적인 손짓이나 휘파람 소리가 바로 그들의 삶이요 울림이라 할 수 있을 것이다. 서민 가요가 바로 그런 게 아닐까. 민초들의 노래, 애잔한 삶을 달래주는 추임새 같은 것일지도 모른다. 굴곡진 삶에 언제나 위로가 되어 주었던 것이 노래였고, 그 중심에는 트로트가 있었음을 부인할 수 없다. 한때 뽕짝이라고 낮잡아 여겼던 노래지만 누가 뭐래도 트로트는 내 몸에 맞는 옷이다. 그나마 코로나 시기를 거치면서 몇몇 방송사가 다투어 트로트 경연을 하여 요즘은 이 장르를 좋아하는 사람이 많다. 내 동지들이 늘어나서 좋다.

오래전에 장모님이 "자네 언제 날 데리고 노래방 가서 노래를 들려줄 텐가. 자네가 부르는 구성진 노래를 듣고 싶네."라고 하셨다. 반가운 마음에 곧 모시겠다고 말씀드려 놓고는 아직도 실천에 못 옮기고 있다. 이 해가 가기 전에 동네 노래방으로 모셔서 전에 들려드렸던 흘러간 노래, 트로트 몇 곡을 불러드려야겠다.

선택적 함묵의 시절

"민경아, 선생님 얘기 안 들리니?"

새 학년 첫날, 얼굴과 이름을 맞추어 보려고 출석을 부르는데 여러 번 불러도 아무런 대답을 하지 않는다. 몇 명의 아이들이 민경이는 말을 안 한다고 한다. 그 순간 전 담임이 내게 귀띔해 준 말이 생각난다. 선택적 함묵증이 있는 아이랬지.

선택적 함묵증은 가족 등 몇 사람과는 얘기를 나누지만 그 밖의 사람들에게는 전혀 말을 하지 않는 증세다. 또래들보다 몸이 작은 민경이는 반 아이들에게 말을 전혀 안 한다. 담임인 내게도 마찬가지다. 수업활동도 하지 않고 그저 정물처럼 앉아 있다.

이 아이와 이런 식으로 일 년을 보낼 순 없다는 생각이 들었다.

그래서 방과 후에 따로 남겨 책 읽힐 계획을 세웠다. 책을 읽게 하면서 말문을 틔우는 방법을 몇 년 전에 비슷한 증상이 있던 아이에게 적용하여 성공한 적이 있었다. 처음 몇 번은 남겨서 책을 읽도록 시도해 보았다. 예상대로 입을 꾹 다문 채 나를 바라만 볼 뿐 아무런 반응이 없다. 울지 않는 게 그나마 다행이었다. 전에 만났던 아이는 이런 상황에서 많이 울었더랬다. 그 무엇이 이 어린아이로 하여금 선택적 함묵이라는 어두운 터널을 걷게 했을까.

지금은 어른이 된 어느 소년의 선택적 함묵 시절 얘기를 꺼내 본다. 초등학교 때 민경이처럼 심하지는 않았지만 상황이 빚어낸 비슷한 증상이 있던 아이다.

이 소년의 새엄마는 학령기가 이미 지났는데도 학교에 보내주지 않았다. 왜 아이를 학교에 보내지 않느냐고 주변 사람들의 이런저런 눈총을 받고서야 마지못해 뒤늦게 입학시켜 줬다. 단, 3학년까지만 다니고 그 뒤에는 직업 기술을 익힌다는 조건이었다. 3년이면 글도 깨우치고 셈도 할 수 있으니 살아가는데 불편하지 않을 거라는 판단을 내린 것이었다. 지금처럼 의무교육을 하던 때가 아니었으니 가능했던 생각이다.

어렵게 학교에 들어갔지만 엄마는 물론 아버지도 자식이 학교에서 무슨 일이 벌어지고 있는지 관심이 없었다. 육성회비를 못 내어 교무실에 불려 가는 것도, 학용품을 준비해 주지 않아서 애를 먹는 것도, 여기저기 꿰맨 흔적이 선명한 낡은 책가방을 들고 창피해하며 등하교하는 것도 알지 못했다. 그저 입학만 시켜줬을 뿐이다. 그것도 좋았다. 다만, 얼마 안 있어 학교를 그만둬야 한다는 게 소년을 기운 없게 만들었다.

다행히 어둠만이 소년의 곁에 머물지는 않았다. 공부가 재미있었다. 아이들과 노는 것도 즐거웠다. 무엇보다 신나는 것은 그림을 잘 그려서 단번에 그 작은 학교에서 영웅이 된 일이었다. 미술 시간에 호랑이 그림을 그렸는데 담임 선생님이 보고 깜짝 놀랐다. 담임은 다른 선생님들에게 그 그림을 보여 주면서 한껏 자랑을 하였다. 학교에 가지 않았다면 몰랐을 재능이 있음을 소년은 그때 알았다. 그러면서도 자기 나이가 많으니 그러려니 했다. 담임에게 인정받는 일은 살면서 좋은 소리 한 번 들어본 적이 없던 소년에게는 새롭고 놀라운 경험이었다. 담임은 마른버짐 투성이에 뼈만 앙상한 모습이 안쓰러웠던지 교사용으로 나온 급식 빵과 우유를 다른 아이들 눈을 피해서 주기도 하였다. 소년은 그러는 선생님이 엄마였으면 좋겠다고 생각했다.

일 년, 이 년의 시간은 너무도 빨리 지나갔다. 드디어 3학년에 올라가자 소년은 두려워지기 시작했다. 그만 다녀야 하는 때가 서서히 다가오고 있었다.

말 수도 점점 줄었다. 집에서는 아예 말을 안 했다. 말을 하면 학교를 당장 못 다닐 것만 같았다. 소처럼 눈만 멀뚱거리고 하도 말을 안 하니까 나중에는 아버지가 때리기까지 했다. 그럴수록 입은 더 강하게 닫혔다. 그 상황 속에서 할 수 있었던 유일한 방법은 그것뿐이었다.

3학년이 되면서 소년은 마음의 준비를 했다. 어느 곳 어느 공장으로 가게 될까를 걱정하면서. 그런데 학교를 그만 다니라고 할 줄 알았던 엄마가 때가 되었는데도 아무런 얘기가 없었다. 하루 이틀, 그리고 몇 달이 지나 4학년이 되었는데도 말이다. 소년은 눈치를 보면서 모른 척하고 살얼음판을 걷는 기분으로 학교를 계속 다녔다.

그러던 어느 날 생활력 없는 아버지를 뒤로 한 채 엄마는 본인의 친자식이 있는 곳으로 떠나버렸다. 다행인지 불행인지 모를 혼란이 소년에게 왔다. 엄마가 장사를 해서 겨우 먹고살았는데 당장 생활이 힘들어질 수밖에 없었다. 이제야말로 학교를 그만두고 돈 벌러 나서야 하나보다 생각했다. 소년은 그때 이미 동네 형들의 이끌림으로 신문 배달을 하고 있던 중이었다. 신문배달을 그만두고 공장을 다녀야 한다고 보급소장에게 얘기했다. 사연을 들은 소장은 최소한 초등학교는 졸업을 해야 한다면서 월급을 두 배로 올려줄 테니 신문배달을 하며 학교를 계속 다니라고 했다. 절망적이던 소년에게 소장은 희망을 주었다. 그 덕분에 학교를 계속 다닐 수 있었고, 더 이상 함묵은 필요 없었다. 그 뒤 소년은 자라서 초등학교 교사가 되었다.

남겨서 책을 읽히고 따뜻하게 다가가려는 내 정성이 결실을 보게 되었다. 어느 날부터인가 민경이는 그 작은 입을 달싹이기 시작했다. 아이의 표정이 밝아지는가 싶더니 드디어 희미하나마 작은 목소리가 입 밖으로 나왔다. 말소리가 이렇게까지 귀하게 느껴질 수 있는가. 민경이가 선택적 함묵 대상에서 나를 제외시켜 주는 순간이었다. 아이의 음성은 맑고 청아했다.

나중에 학부모 상담 때 알게 되었는데 민경이 밑으로 두 동생이 태어나면서부터 말을 잘 안 하기 시작했다고 한다. 혼자 누리던 사랑을 동생들에게 빼앗긴 충격이 감당할 수 없이 컸던 모양이다.

선택적 함묵증, 그것은 따뜻한 사랑과 정을 주면 치료가 되는 조금은 큰 쉼표일 뿐이다.

변명

종이 위에 생각의 실타래를 풀어 글을 쓴다. 펜과 종이가 있으면 으레 그림을 그리곤 했는데 요즈음에 달라진 내 행동의 한 모양새다. 글을 쓰고 있다니 나답지 않게. 이런 행동을 한 지는 얼마 안 되었다. 책을 자주 읽다가 보니 글을 쓰고 싶은 욕망이 생긴 것인지 모른다. 읽고 쓰는 일이 언제부터인지 행복하다는 생각이 들었다. 그것이 일기든 편지든 낙서하듯 끄적거리는 일이든 상관없다. 비로소 내가 하고 싶은 일을 하는 것 같아서 미지의 세상에 첫발을 내딛을 때의 신선함 같은 느낌마저 든다.

글자 자체는 어쩌면 그림의 다른 형태일지 모른다. 다만 채색에 신경을 안 써도 되고 형태미를 고민하지 않아도 되는 또 다른 이름의 그림이 글자라고 생각한다. 별로 어렵지 않은 작업이다. 물감도 팔레트도 필요 없다. 그저 연필 한 자루로 글자와 글자를 써서, 서로 잘 연결하여 조화롭게 배치하기만 하면 된다. 그러면 거기에서 생명이 꿈틀거리며 살아 움직이는 무엇인가가 펼쳐진다. 종이 위에 생겨나는 생명을 보면서 난 마치 조물주라도 된 듯 뿌듯해진다. 그래 이거다. 그림에겐 좀 미안한 일이지만 사랑의 감정이 이성의 운전대에 조정당하기 싫어하듯, 글쓰기에 대한 감정도 어찌할 수 없는 내 욕망의 한 흐름으로 버젓이 자리 잡고 있어서 난 거기에 순응할 수밖에 없다.

  그동안 그림 그리기는 내 인생의 상당 부분을 차지해 왔었다. 초등학교 1학년 때 크레파스로 호랑이 그림을 그렸다. 담임선생님은 놀라워하며 매우 잘 그렸다고 칭찬을 했다. 그리고는 다른 반 선생들에게 자랑을 하기도 했다. 반 아이들도 신기하고 놀라워했다. 그 뒤 사람들은 내가 커서 유명한 화가가 될 거라고 말하면서 응원을 해줬다. 그때부터 내 꿈은 화가가 되는 거였다. 더 열심히 그림을 그렸고, 초등학교와 중학교 때까지 대회에 나가 상도 제법 탔다. 그러나 그림을 그리기 위해서는 장벽이 있었다. 독학으론 어렵고 별도의 그림공부를 해야 한다는 거였다. 그러려면 적지 않은 돈이 있어야 가능했다. 가난한 내 형편으로는 언감생심 꿈같은 일이다.

  간절히 원하면 이루어진다고 했던가. 미대에는 못 들어갔지만 교육대학에 가서 미술을 부전공으로 선택할 수 있는 기회가 생겼다. 바라던 그림을 그리게 된 것이다. 논문을 대신하여 졸업 작품으로 그림을 그려 전시회를 열기도 했다. 더 나아가 졸업 뒤에는 관심 있는 동문 선후배가 모여 만든 서양화 그리기 모임에도 참여하여 한 해에 한 번 연합 전시회도 가지곤 했다. 하지만 그림을 그리는 데에는 만만찮은 걸림돌이 있어서 어려움을 줬다. 그 중 하나가 장소의 문제였다.

한번은 이런 일이 있었다. 그림 동호회에서 인사동에 전시를 하기로 했다. 1인당 작품 두 점 이상을 언제 언제까지 준비하자고 했다. 나로서는 전에 전시했던 작품을 또 낼 수 없는지라 새롭게 그려야 했다. 그런데 막상 그리려니 작업할 만한 곳이 마땅찮았다. 1월에 전시를 해야 하니 작업하는 기간은 추울 때다. 고민 끝에 아파트 베란다에 이젤을 펴놓고 그리기로 했다. 시작이 반이라고 했으니 일단 캔버스를 펼치고 추위에 손을 비벼가며 했다. 낮은 온도 때문인지 물감은 제대로 마르지 않아서 완성 속도가 더뎠다. 내 몸이 움츠러들어서 작업 능률도 현저하게 떨어졌다. 도저히 안 되겠다 싶어 식구들 활동 공간의 한 부분인 거실로 자리를 옮겼다.

따뜻하니 내 자세도 한결 여유가 있어 붓놀림이 경쾌해졌다. 그런데 이게 웬일인가. 학교에서 돌아온 딸이 얼굴 표정을 일그러뜨렸다. 머리가 어지럽고 속이 메스껍다며 토하려고 했다. 유화물감과 섞인 테레핀유와 린시드유의 냄새가 거실에 가득했기 때문이었다. 여기서도 더 이상 작업하기 곤란했다. 하는 수 없이 다시 베란다로 나가 작업을 했다. 우여곡절 끝에 작품을 완성해서 그 해 전시에 무사히 참여하긴 했지만 그 뒤 내 의욕은 꺾이기 시작했다.

이런 환경적인 어려움도 있었지만 더 근본적인 일은, 그림을 그리고 나서 충만한 느낌을 좀처럼 가질 수 없다는 거였다. 하다못해 친구를 만나 실컷 얘기를 나누고 나면 집에 오는 길에 가슴 가득한 느낌이 들고, 좋아하는 노래를 서너 곡 듣고 나도 작지만 옹골찬 즐거움을 느끼는데, 정성껏 그려서 거실에 걸어놓은 그림에서는 그런 게 안 느껴졌다. 바라보는 그 순간의 휘발성 느낌 그 이상을 주지 못했다. 그림 속에서 내 안에 꿈틀대며 역동적으로 움직이는 생각을 담아내고 용해해 내길 바라는데 좀처럼 그러질 못해 왔다. 내 능력의 부족함이 원인이라고 자책하면서도 아쉬움이 남는 것은 어쩔 수 없는 노릇이었다. 그림이 내 인생을 더욱 빛나게 할 줄 알았는데….

글쓰기에 관심을 가진 것은 그저 갑작스러운 일은 아니다. 오래전, 그러니까 결혼한 지 얼마 안 되던 때에 단편 동화 한 편을 쓴 적이 있다. 동화 쓰기 대회에 응모를 하기 위해서였다. 응모할 실력도 안 되면서 무모하게 도전했더랬다. 결과는 보기 좋게 떨어졌지만 돌이켜 보니, 이런 시도를 했던 것 자체가 그래도 내 안에 글을 쓰고 싶어 하는 DNA가 있지 않나, 하는 생각이 든다. 내 과거와 현재, 그리고 미래를 관통하는 눈물겨운 카타르시스를 안겨주는 일, 끝 모를 내 감정의 저 깊은 곳까지 섬세하게 채워줄 충만감을 주는 일이 바로 글 쓰는 일이라고 생각한다.

지난해에는 서울로 글쓰기 공부를 하러 다니기도 했다. 글도 그림처럼 공부하지 않고는 안 될 일이라고 생각했기 때문에 즐거운 마음으로 다녔다. 거리는 멀지만 가고 오는 길에 책도 읽고 때로는 어떤 글을 쓸까 궁리하는 시간들이 소중하고 좋았다.

《좋아하는 일을 하며 나이 든다는 것》의 저자 사이토 시게타의 말 대로 쉰 살 이후에 좋아하는 일을 찾는다는 것은 의미 있는 일이고 마침내 찾아서 한다는 것은 삶의 무한한 행복이다. 감추어 놓은 꿈을 다시 꺼낼 수 있는 기회가 주어진 이 순간을 난 너무 소중하게 여기고 싶다.

거실 환경을 바꿨다. 우중충하고 묵직한 소파를 버리고 책장을 사다 놨다. 4단짜리 책장 세 개를 나란히 놓고 책을 꽂아 넣으니 그럴듯한 서재 분위기가 난다. 아내는 마치 서점에 온 것 같다고 한다. 게다가 값이 좀 비싸서 망설이다가 큰마음 먹고 구입한 원목 책상을 책장 맞은편 창가에 놓으니 평범한 거실이었던 공간이 따뜻하고 아늑한 서재처럼 느껴졌다. 내 서재가 이렇게 생기다니. 거실 큰 창으로 들어오는 빛으로 환한 책상이 나를 끌어당긴다. 거기에 앉아서 책을 읽고 글을 쓰니 비로소 난 마치 작가가 된 듯하다.

글쓰기를 선택했지만 그림을 냉정하게 멀리한 것은 아니다. 글이 내 심장의 미세한 박동과 표정을 잘 표현하리라 믿지만, 때로는 그러지 못할 때에 그림이란 것이 모양과 색으로 나머지 빈 곳을 채워줄 것이라 생각하기 때문이다.

다만, 지금은 글쓰기와 더 친해지고 싶을 뿐이다.

잠시 멈추는 시간

퇴근 뒤 세 명의 사내가 모였다.

류 선생과 정 선생과 나. 셋은 1년에 한 번은 꼭 만난다. 4월 5일쯤. 우리는 결코 다른 날 만나는 일이 거의 없다. 오직 일 년에 한 번 이 일을 하기 위해서만 만난다. 같은 학교에서 근무했던 권 선생님께 가는 일 말이다. 인천 변두리 교회 묘지에 잠들어 있는 분으로 올해로 스물두 해째다. 그동안 한 해도 거르지 않고 해 온 고인의 가족도 모르는 도둑성묘다.

술 한 병, 담배 한 개비면 차례상 준비는 끝이다. 권 선생이 생전에 좋아하던 것들이다. 술 한 잔과 연기 나는 담배를 비석 아랫단에 놓고 절을 올린다. 그리고 누워서 아무 말 없는 사람에게 세

사내는 한 마디씩 한다.

"에구, 우리는 이렇게 늙어가고 있는데 선생님은 여전히 40대 초반의 젊은이네요."

"산지사방으로 꽃 천진데 바깥 구경하고 싶지 않으세요?"

"아내와 자식들도 보고 싶지요?"

비석 옆면에는 1997년 4월 6일이라고 사망 날짜가 또렷하게 새겨져 있다. 22년 전의 느닷없던 일도 또렷하게 떠오른다. 그 해 4월 6일 식목일 연휴 기간에 권 선생님은 아내와 두 아이를 데리고 포천으로 온천욕을 가느라 차를 몰았다. 송추 언저리의 어느 지점이던가. 중앙차선을 넘어 들이닥치는 상대방 차를 꿈엔들 생각이나 했을까. 처자식을 보호해야 한다는 생각은 이미 생각 이전에 본능이었을 것이다. 달려드는 차를 몸으로 막으려고 핸들을 급히 꺾었다. 아무리 바위같이 단단한 몸이었다고 한들 쇠를 이길 수는 없었을 터, 속절없었다. 덕분에 처자식은 모두 살렸다. 너무도 급작스럽고 어처구니없는 죽음이었다.

함께 근무하면서 운동으로 다져진 이분의 우람한 몸을 우리는 다 부러워했다. 학교 행사 때 동네 불량배들이 껄렁대며 학교 안에 들어와 해코지라도 할라치면 앞에 나서서 턱 버티고만 있어도 문제는 해결될 정도였다. 그런 분이 입술을 굳게 다문 채 영안실에 맥없이 누워 있었다. 그 모습에 억장이 무너졌다. 도저히 믿을 수 없었다. 외상이 없는 깨끗한 모습으로 그저 잠자듯 고요하게 누워 있어서 더 화가 났다. 그저 눈만 뜨면 될 성싶었다. 귀여운 두 아이, 열두 살 딸과 열 살짜리 아들을 두고 그러면 안 되는 일이었다. 많은 사람이 눈물 흘리며 가슴속 깊이 안타까워했다.

나는 평소 그분의 삶을 닮고 싶어 했다. 불의와 타협하지 않으려는 올곧은 삶을. 내가 초임 발령받고 난 이듬해였다. 대학 졸업 전에 갖고 있던 참교육의 열망을 그대로 학교 현장에 적용시키려고 열의를 갖고 활동했다. 그러나 학교에 있는 사람들은 그런 생각을 가진 나를 냉정하게 대했다. 평화로운 학교에 괜한 분란을 만들지 말라고 했다. 그래도 뜻을 굽히지 않자, 어느 날, 암막이 쳐진 어두운 과학실에 나 혼자 앉혀 두고 여러 선생이 번갈아 들어와서 회유를 했다. 요즘처럼 인권을 얘기하던 시절이 아니라 그런 일이 가능했다. 권 선생님도 한 번은 과학실에 들어왔다. 높은 분들의 지시로 순번에 따라 어쩔 수 없이 그랬을 거다. 지낼 만하냐며 웃음 띤 얼굴로 물어보고는 더 이상 다른 말 없이 내 앞에 잠시 앉았다가 나갔다. 다른 사람들이 윽박지르듯 얘기하는 모습과는 달랐다. 말없이 응원해 주는 거라고 나는 느꼈다. 두렵고 외로운 내게 그런 침묵의 방식으로 힘이 되어주었던 분이다.

권 선생님의 삶에서 아쉬운 점은 너무 바쁘게 생활해 왔다는 거다. 어느 한순간도 일 속에서 벗어나지 못했다. 체육 업무로 운동장에서, 교내외 대회의 장에서 대부분을 정신없이 보냈다. 아마도 가족에게 미안한 생각에 이날 모처럼 큰마음을 먹고 집을 나섰던 모양이다. 그렇게 바쁘게 살아왔는데 여기 한가하게 누워계시다니….

세월이 흘러 이제 두 아이는 어른이 되었고, 선생님 아내는 얼마 전 명예퇴임을 했다는 소문이 있다.

작년에는 멀쩡했는데 올해는 권 선생님의 봉분 한쪽이 내려앉아 있다. 이웃 봉분은 최근에 손질했는지 보기 좋은 모양이어서 비교가 되었다.

"권 선생님이 반듯하게만 누워있으려니까 몸이 불편했나 봐. 모로 누우신 게야."

류 선생의 그럴듯한 농에 웃음이 나왔다. 난 봉분 위의 성긴 떼 사이에 비집고 나온 잡풀을 뽑으며 남모르는 생각에 잠겼다. 죽음이라는 것이 언젠가는 내게도 곧 들이닥치겠지. 하지만 이분처럼 갑작스레 맞이하는 죽음이 아니기를 바란다. 준비 없이 맞는 죽음은 본인이야 말할 것도 없고, 주변 사람들의 가슴을 너무 아프게 한다. 그러나 내 의지대로 죽음을 제어할 수는 없기에 우린 나약할 수밖에 없다. 언제 어디에서 맞게 될지 모를 이 엄정한 사건, 이 냉엄한 일을 우리는 그래서 늘 준비할 수밖에 없다. 그러라고 선생은 지금 내게 말없이 얘기하고 있다. 너무 분주하게 살지 말라고.

파울로 코엘류는 《흐르는 강물처럼》에서 죽음에 관하여 다음과 같이 얘기한다.

"죽음에도 감사해야 한다. 죽음이 있기에 우리는 결단의 중요성을 되새길 수 있으니까. 죽음은 우리를 '산송장'으로 머물러 있지 않도록 북돋우고, 우리가 늘 꿈꿔 왔던 일들을 감행케 한다."

난 잊고 있었다. 내 의지와 상관없이 시간에 끌려가고 있는 생활의 연속이었음을. 일하고 먹고, 열심히 일상을 꾸려 나가면서 하루하루 펼쳐지는 삶의 기적에 대해 되새겨 보는 시간이 필요하다.

잠시 멈추는 시간을 가지라고 일깨워 주는 권 선생님이 고맙다.

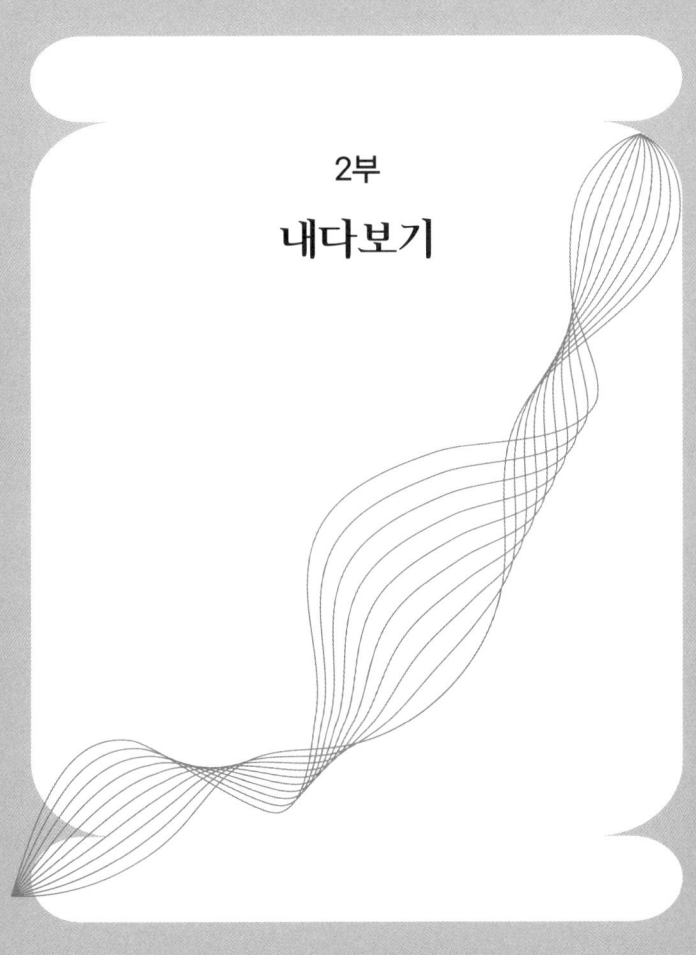

2부

내다보기

어둠은 빛을 이길 수 없다

당산역에서 여의도로 이어지는 길을 따라 걷는다. 많은 사람이 나처럼 여의도 국회의사당 방향으로 가고 있다. 사람들 모습이 마치 피난 행렬 같다. 저쪽에 보이는 국회의사당 지붕 둥근 돔이 오늘따라 밝게 빛나 보인다. 오늘만큼은 대통령 탄핵 찬성이 꼭 이루어지길 바라는 마음이 사람들 발걸음에서 느껴진다. 국회를 에워싼 담과 경찰들 옆을 지나 한참을 걸어가니 노래와 함성으로 가득한 광장이 나온다. 사람들로 메워진 그곳은 사실 광장이 아니라 국회 정문 앞을 가로지르는 8차선 큰 찻길이다. 찻길이 광장이 되는 일은 이미 익숙한 모습이다. 7년 전 촛불집회 때 광화문 앞 찻길도 그랬다. 그러고 보니 12월도 그렇고 추위도 그때나 지금이나 닮은 듯하다.

무료로 나눠주는 어묵탕 한 그릇을 받아든다. 따뜻한 국물을 마시니 추위가 한순간 사그라드는 듯하다. 좀 더 걸어가니까 이번에는 커피를 나눠준다. 추위에 이곳으로 나와줘서 고맙다는 민주주의 마음이 느껴진다. 많은 사람들이 오늘 이 자리에서 한마음으로 기다리는 것, 바라는 것은 오직 한 가지, 대통령 탄핵 의결이다. 민주주의 흐름을 가로막고 독재의 길을 가려는 사람을 어찌 이 나라 대통령으로 받아들일 수 있는가. 하루빨리 내려오게 해야 한다는 데 뜻이 합쳐진 사람들이 광장으로 모인 것이다. 지난주에 여당의 불참으로 '불성립'이라는 낯선 단어가 우리를 허탈하게 했다. 그런 절망을 안고 힘없이 돌아가는 일이 오늘은 없어야 한다.

난 일부러 이곳저곳을 돌아다니며 한 장면 한 장면을 눈에 담는다. 어쩌면 다시는 볼 수 없는 역사의 장면들이다. 어느 연예인이 선결제했다던 빵집 앞과 음식점 앞에는 사람들이 길게 줄을 서 있다. 길 위 어느 곳에서나 안방처럼 아무렇지 않게 둘러앉아서 이야기를 나누는 사람들 모습이 쉽게 눈에 띈다. 십 대나 이십 대로 보이는 앳된 젊은이들이 줄 맞춰 앉아 응원봉을 흔들며 노래 부르는 모습은 좋아하는 가수 콘서트에라도 온 것 같은 생각이 들게 한다. 탄핵이라고 쓴 깃발을 들고 걸어가는 사람, 아이들 손잡고 피켓 들고 가는 부모, 애완견을 안고 나온 사람 등 갖가지 모습들이 재밌고 정겹게 느껴진다.

12월 3일 밤은 얼마나 길었던가. 느닷없는 비상계엄은 온 나라를 발칵 뒤집어 놓았다. 2024년도에 계엄이라니. TV로 생중계된 군용 헬기의 움직임과 무장 군인들이 국회의사당 앞으로 들이닥치는 모습은 너무 무서웠다. 목숨 걸고 맞서서 몸싸움하는 사람들과 장갑차 앞을 막아서기도 하고 심지어 총부리를 부여잡는 시민들 모습에 아찔함을 느꼈다. 난 그때 꿈인지 생시인지 구분이 안 되는 착각 속에 빠졌다. 내가 봤던 5.18 광주 영화나 다큐멘터리 영상과 닮은 모습 때문이었다. 저 군인들이 저지를 일이 어떨 것이고 그 결과는 얼마나 참혹할 것인지 노벨문학상의 한강 소설 《소년이 온다》에서는 잘 말해주고 있지 않았던가. 그림 하나 없는 글로 한강은 많은 그림을 생생하게 이끌어내었다.
　그림, 그렇지. 내가 처음 5.18 광주를 알게 해 준 것은 그림이고 사진이었다. 37년 전 대학 1학년 때 봤던 끔찍한 사진들은 글자 하나 없이 많은 것을 알려주었다. 총학생회에서 학교 캠퍼스 둘레에 전시한 사진엔 함몰된 두개골과 뭉개진 얼굴이 있었고, 몽둥이질하고 발가벗겨진 사람을 질질 끌고 가는 개구리 군복을 한 군인들이 있었다. 우리나라 어느 한 곳에서 이토록 잔인한 일이 군인에 의해 저질러졌다는 게 도대체 믿어지지 않았다. 또한 몇 년 전까지 배고픈 내게 라면과 밀가루를 나눠 주게 한 대통령이 시킨 짓이라는 게 더욱 믿기지 않았다.
　《소년이 온다》를 읽는 내내 대학 1학년 때 보았던 사진 속 장면이 가슴 쓰리게 떠올랐다. 그런 아픔이 또 일어날 리는 없다고 생각했다. 아니 그런 일이 있어서는 안 된다고 생각했다. 그저 45년 전의 아픈 하나의 역사였을 뿐이라고 생각해 왔다. 그런데 이게 웬일인가. 비상계엄이라니, 말도 안 된다, 미쳤다. 이렇게 외쳐대 보지만 일어나고 말았다. 이제는 그저 꿈속에서 팔 뻗어 허둥대는 꼴이 되고 말았다. 하늘이 도와서인가, 천만다행으로 국회 의결로 그 무시무시한 비상계엄은 해제되었다. 가슴을 쓸어내렸다. 이날 계엄이라는 괴물의 숨통을 끊어놓기 위해 국회의원들은 국회에 모였고 우리는 광장에 모였다.

오후 5시가 다 되어갈 무렵 광장은 조용했다. 아니 온 나라가 조용했다. 국회의장의 탄핵 투표 결과 발표 순간이다.

"투표 결과를 말씀드리겠습니다. 대통령 윤석열 탄핵 소추안은 총투표수 삼백 표 중 '가可' 이백네 표, '부좀' 팔십오 표, '기권' 세 표, '무효' 여덟 표로써 가결되었음을 선포합니다."

'이백네 표'라는 말이 나오는 순간 이미 "와~!" 하고 큰 함성이 터져 나와 광장을 가득 메웠다. 나도 미친 듯이 소리 질렀다. 드디어 탄핵이 의결됐다. 눈물이 났다. 우리 모두는 그 자리에서 깡충깡충 뛰며 좋아했다. 2002년 월드컵 4강의 기쁨 그 이상이었다.

지난주엔 실망하여 말없이 광장을 빠져나와 집에 갔지만 오늘은 그럴 수 없었다. 이 순간을 만끽해야 했다. 젊은이들 속에 묻혀 나도 응원봉을 힘껏 들어 흔들며 소녀시대의 '다시 만난 세계'를 따라 불렀다. 울긋불긋 빛을 내는 응원봉 물결 속에 내 것도 섞이어 커다란 빛의 혁명 그림을 그려냈다. 빛의 혁명 바로 그거였다. 역사를 이루어낸 야당 의원들이 국회 정문을 나와 광장 무대에 올라 인사를 했다. 우리는 아낌없는 박수와 함성을 보냈다. 사회자가 행사의 끝을 알릴 때까지 기쁨의 춤을 오래도록 추며 즐겼다.

집으로 가기 위해 오던 길을 다시 되짚어 강가를 따라 걸었다. 긴 시간 서 있었는데도 내 발걸음은 올 때의 무거움과는 달리 무척 가벼웠다. 검은 한강 위에 반사된 빛의 아름다움이 저토록 아름다웠나. 7년 전에 광화문 집회 때 들었던 노래 한 구절이 떠오른다.

'어둠은 빛을 이길 수 없다'

그때 촛불의 빛이 오늘 응원봉의 빛으로 되살아났다. 45년 전 소년의 죽음이 되살아나서 오늘 우리를 살렸다.

기자 정신

"곽 선생, 학교 인터넷신문 운영을 잘해줘서 고마워요."
 교장선생님의 칭찬을 받으니 기분이 좋다. 애나 어른이나 칭찬을 들으면 똑같은 마음인가 보다.
 학교신문, 단순한 종이신문을 일 년에 한두 번 만드는 일쯤 쉽게 생각하고 작년부터 내가 맡은 업무다. 그런데 느닷없이 우리 학교가 도교육청이 주관하는 학교 인터넷신문 운영학교로 지정됐다. 그 바람에 제법 큰 업무가 되어 버렸다. 여유로운 시간을 갖고 일하면서 글을 좀 써 볼까 했는데 난감한 상황이 벌어진 것이다.
 무엇보다 어린이 기자를 뽑는 일이 만만찮았다. 등교하지 않고 온라인으로 교육과정이 진행되던 때이니 신청서 받고 선발하는 모든 과정도 온라인으로 해야 했다.

우여곡절 끝에 기자 일곱 명을 선발했다. 임명장과 기자증을 주면서 아이들에게 기자로서 사명감을 갖고 활동해 달라고 말했다.

평소 우리나라 언론 현실이 만족스럽지 못하여 안타까워하던 나는 학생들이 듣기엔 그리 적절하다고 할 수 없는 얘기까지 하게 되었다.

"너희들 혹시 '기레기'라는 말 들어봤니?"

알아듣는 아이가 없었다. 어른들 세계의 속어이니 그럴 만하다고 생각했다. 이쯤 되니 설명을 안 하고 넘어갈 수 없게 되었다.

"기자 쓰레기를 줄여서 한 말이란다."

이어서 내친김에 불편한 진실 몇 가지를 더 말했다. 현재 우리나라의 언론 신뢰도가 OECD국가 중에서 아주 낮다는 얘기와 가짜 뉴스를 만들어내는 요즘의 언론 상황, 그리고 기자 정신의 실종 등을 얘기해 주었다. 아이들이 이 얘기를 얼마나 이해할지는 생각하지 않고 나 스스로 다소 격한 감정 상태에 취하여 말한 느낌이 들었다.

어렸을 때 신문 배달을 했다. 그때 내가 돌린 신문은 ㅈ일보로 지금은 조간이지만 그 당시엔 석간이었다. 배달뿐만 아니라 신문 구독을 해달라고 다니기도 했다. 어떤 어른에게 다가가서 신문 좀 구독해 달라고 얘기했더니, "그 신문은 볼 게 없어." 하며 매정하게 말하는 거다. 그 뒤로도 여기저기서 비슷한 얘기를 종종 들었다. 볼 게 없다? 난 이상하게 생각했다. 신문 어디에도 공백 없이 글자로 꽉 차 있는데 도대체 무슨 말인가 싶어 이해할 수 없었다. 하지만 이제 와 생각해 보니 그 말이 무슨 뜻인지 알게 되었다.

그 당시에는 언론 사전 검열 등 표현의 자유가 제한되던 군사정권 때라 정작 알 권리를 충족시킬만한 기사가 못 나오던 시절이었다. 그러니 언론사는 민감한 사안보다는 그저 무난한 기사들을 지면에 채워나갔을 것이다. 읽을 것이 없다고 할 만했다.

지금의 언론 상황은 어떤가. 언론자유지수가 아시아에서 1등이라고 한다. 권력의 간섭 없이 자유로운 표현을 얼마든지 할 수 있는 환경이 조성됐다는 말이다. 그런데도 사람들은 읽을거리, 볼거리가 여전히 없다고 한다. 코로나19 상황 속에서 K방역이나 경제 상황이 자랑할 만하다고 외신은 전하는데 정작 우리 언론은 입을 다물고 있다. 다 그런 것은 아니지만, 세계 언론 신뢰도가 낮은 책임은 오롯이 언론사나 기자들 몫일 수밖에 없다.

많은 사람의 입에 오르내린 재작년의 일이 떠오른다. 검찰이 어느 고위직의 집 압수수색 과정에서 벌어진 일이다. 점심 식사 배달원을 둘러싼 젊은 남녀 기자들이 무슨 음식을 배달했느냐는 질문을 던지며 장난스러운 표정을 짓는 장면은 내 기억에서 여전히 선명하다. 거기서 나온 기사 내용은 자장면을 시켰냐느니, 한식을 시켰냐느니 하는 어처구니없는 내용이다.

서슬 퍼런 독재정권 시절에 참언론을 갈구하던 선배 기자들은 자신들의 밥줄을 걸고 언론자유를 외쳤건만, 요즘 젊은 기자들은 남의 밥 종류가 무에 그리 중요하다고 코미디 같은 내용에나 매달려 취재하고 있단 말인가. 단순히 격세지감이나 세대 차이라고 얼버무리고 지나가기엔 너무 한심한 일이다.

발로 뛰고 땀 흘려 취재하여 만든 기사야말로 보석처럼 빛나는 작품일 것이다. 사실을 전달하는 일도 중요하지만, 그보다 더 중요한 것은 진실 전달이다. 기자란 본래 어떤 상황에서든지 진실이라는 절대가치를 위해 존재하는 사람들이라고 하지 않았던가. 이들이 어둠을 비추는 등대 역할을 제대로 한다면 사회는 올바른 방향으로 흘러갈 것이다.

기자 정신을 말할 때 그런 자세가 바탕에 깔리지 않고서는 힘들다. 그저 손쉽게 남의 얘기나 받아쓰고, 인터넷에 흘러 다니는 출처 불분명한 글을 뽑아다가 마치 자기가 취재한 것인 양 써대는 일뿐만 아니라, 균형을 잃은 채 쓰고 싶은 것만 골라서 쓰는 선택적 취재 습관을 버리지 못하는 기자들에게 '기자 정신' 운운은 낯부끄러운 일이다. 오죽하면 'You are not alone~'(언론이 아니다)라는 비아냥거리는 노래 패러디까지 나왔겠는가.

"너희들이 어리다고는 하지만 불과 10년 안팎이면 여기 있는 사람 중에는 진짜 기자라는 직업을 갖는 사람도 나올 것이다. 기자 정신이 무엇인지 생각하며 활동해 주기 바란다."

이렇게 얘기를 맺었다. 어린 기자들이 내가 한 말을 지금은 이해하기 어려울지 모른다. 하지만 나중에 다시 떠올리면서 고개를 끄덕일 날이 올 것이다. 그래서 누군가는 우리나라 언론 신뢰도를 높이는 멋진 역할을 할 수도 있지 않을까 싶다.

작은 밀알 하나 심는 심정으로 오늘도 어린 기자들을 바라본다.

다시 떠오르는 세월호

　세월호 참사 5주기를 맞이한 날이다. 우리 반 아이들이 비록 열 살 밖에 안 되지만 교육적인 차원에서라도 세월호 애기를 해 줘야겠다고 생각했다. 칠판에 크게 '세월호'라고 쓴다.
　"5년 전 단원고등학교 언니 오빠들이 수학여행을 가기 위해 탄 세월호란 큰 배가 있었단다. 아마 너희들이 5살 때였을 거야. 제주도로 가는 중에 전라도 어느 깊은 바다에 그만 침몰하여 304명이 목숨을 잃었던 큰 슬픈 일이란다."
　간략하게 애기를 해주고 세월호 관련 동영상도 몇 편 보여준다. 나 자신이 동영상 보는 일이 괴로워서 꺼려왔지만 어쩔 수 없이 함께 볼 수밖에 없다. 아이들의 표정은 무척 진지하다. 그리고 여기저기서 우는 소리가 들린다. 아이들 몇 명은 소리를 내면서

운다. 특히 영정사진 앞에서 울부짖는 유가족들 영상을 보고는 함께 통곡을 하는 아이도 있다. 선실에 갇혀 있는 학생들을 놔두고 선장이 탈출하는 모습을 보고는 화를 낸다. 어떤 남자아이는 어떻게 저럴 수 있느냐고 마치 어른처럼 화를 내며 얘기한다. 지난 5년여 동안 계속된 반복으로 인해 내 가슴에 잠재된 채 화석화되어 버린 줄 알았던 감정과 연민이 되살아난다. 속상하고 분노가 치밀어서 나도 눈물을 감출 수가 없다.

안도현의 〈스며드는 것〉이란 시가 세월호 사건 위에 덧입혀져서 내 가슴에 쓰리게 다가오는 것은 무슨 까닭일까.
"꽃게가 간장 속에 반쯤 몸을 담그고 엎드려 있다 등판에 간장이 울컥울컥 쏟아질 때 – (중략) – 껍질이 먹먹해지기 전에 가만히 알들에게 말했으리라 저녁이야 불 끄고 잘 시간이야"
세월호의 아이들과 꽃게의 알을 내 심상에서 한 자리에 놓은 것일까. 둘 다 만개를 앞두던 꽃봉오리 같은 존재들 아니었던가. 시와 세월호는 묘하게도 뒤범벅이 되어 짠 내를 풍기며 나를 엄습한다.
꽃게를 항아리 안에 욱여넣는 매정한 손이 있다. 배 안 선실에 아이들을 꼼짝 못 하게 가둬놓는 못난 어른들이 있다. 간장이 울컥울컥 쏟아질 때, 감당하기 어려운 바닷물이 선실 안으로 밀려 쏟아져 들어올 때, 꽃게가 알을 끌어안으며, 선생이 아이들을 부

둥켜안으며,

저녁이야 불 끄고 잘 시간이야.

칠흑 같은 어둠 속에서 304명은 이렇게 속절없이 원치 않은 잠을 자야 했다.

5년 전 4월 16일 날 아침을 어찌 잊을 수 있겠는가. 전 국민은 숨을 죽이고 이 참사의 모습을 텔레비전을 통해 고통스럽게 보고 있었다. 나는 그때 학교에서 직원회의를 하고 있는 중이었다. 회의하기 전에 들은 속보에서 '세월호'라는 큰 배가, 단원고 학생들이 수학여행 가기 위해 탄 그 배가 침몰했다고 들었다. 회의 내용은 귀에 안 들어오고 온통 이 사건만이 내 촉각을 곤두서게 했다. 그 많은 사람을 설마하니 죽게 하진 않겠지. 다들 구조를 잘 해주겠거니 했다. 그런데 이게 웬일인가. 나중에 알게 된 결과는 최악이었다. 어찌 신속하게 구조를 못했을까. 어찌 선실 안에 머무르라고 하고 선장을 비롯한 승무원들만 탈출하였는가. 받아들일 수 없는 일들이 나를 힘들게 했다. 가슴이 꽉 막힌 듯 답답하여 숨이 멎을 것만 같았다.

호화 유람선 침몰을 주제로 한 '타이타닉' 영화 속의 장면에서는 많은 사람들이 구명조끼를 입은 채 바다로 뛰어내렸다. 구조대가 올 때를 기다리며 얼음같이 차가운 바다 위에 둥둥 떠 있는 수많은 사람들의 모습은 100년도 훨씬 넘은 오래전 일이다. 이

보다 나은 시대에 세월호에서는 구명조끼를 입고 바다로 뛰어내리게 하는 이 단순한 결단조차 어찌 내리지 않았는가. 배 주변에 비행기며 구조선도 준비했건만 긴박하고 신속하게 이루어져야 할 구조는 왜 하지 않고 지켜만 보고 머뭇거렸는지 알 수가 없다.

세월호 사건은 죽은 사람들의 영혼을 달래주는 일도 중요하지만, 유가족들과 함께 가슴 아파하던 많은 사람들을 보듬어 안아주고 눈물 닦아주는 일도 중요하다. 5년이 흘렀는데도 우리의 가슴이 여전히 답답한 이유는 진상이 제대로 밝혀지지 않았기 때문이다. 배는 침몰했어도 진실은 침몰하지 않는다고 한다. 우리가 알지 못하는 무서운 진실이 한순간 침몰하였다 하더라도 자체의 무시무시한 부력으로 다시 떠오르게 된다. 그 부력의 원동력은 304명의 원혼들과 유가족들, 그리고 함께 아파하고 눈물 흘린 사람들에게서 나온다. 진실이 밝혀질 때에야 세월호로 만신창이가 된 살아있는 사람들의 눈물은 닦여질 것이다. 아울러 세월호 안에 갇혔던 영혼들이 맑은 공기를 들이마시며 활짝 웃을 수 있을 것이다.

영상을 보고 난 뒤 아이들과 묵념을 했다. 그리고 '천 개의 바람이 되어'라는 세월호 추모 노래를 들려주고 함께 부르게도 했다. 노래의 가사 하나하나가 애절하게 다가온다. 아이들이 노래를 더 하고 싶어 하여 여러 번 되풀이하여 부르게 했다.

눈물을 흘릴 줄 아는 아이들은 어른이 되어 침몰하는 배에서 혼자 살겠다고 탈출하는 사람은 안 될 것임을 나는 믿는다. 유가족과 같은 마음으로 공감하고 분노하는 아이들은 어른이 되어서 야만스런 사람은 정녕 안 될 것이라고 믿는다.

오늘, 아이들 마음속에 노란 리본 하나씩 달아준 날이다. 세월호 얘기 참 잘해주었다.

일본에 대하여

　함께 운동하는 사람들과 뒤풀이 자리에서 이런저런 얘기를 나누다가 일본 여행 얘기를 했다. 일본 여행하다 사 오고 싶은 선물이 무엇이 있을까 하는 질문에 어느 형님이 동전 파스와 바르는 약이라고 한다. 다른 형님도 동의하면서 하는 말이 나름 일리가 있다. 일본이나 독일은 전쟁 중에 사람을 상대로 한 인체실험을 많이 해서 거기서 얻은 의학정보로 좋은 의약품들을 만들고 있다는 얘기다. 일본이 만주 지역의 731부대에서 벌인 생체실험 얘기도 한다. 마루타 얘기다. 사람이 살아있는 상태에서 한 잔인한 역사다. 수많은 실험을 우리나라 사람을 대상으로 했다는 어두운 역사가 내 마음을 아프게 한다. 그 생각을 하니 아무리 좋다고 해도 일본 의약품이나 물건을 사고 싶지도 않고 쓰고 싶지도 않다.

　영하 50도의 추운 날씨에 옷 벗긴 사람을 한 데에 내몰고 얼마 만에 죽는가를 실험하기도 했단다. 이런 일 말고도 인간으로서는 저지를 수 없는 수많은 생체실험이 전해지고 있는데 그 내용을 떠올리는 것조차 몸서리쳐진다.

　당시 일본인은 일등 신민이고 조선인은 하등인이라고 비아냥했는데 마루타 만행을 보면 저들은 야만이이다 못해 짐승만도 못한 인종들이다. 저런 기질을 가진 사람들, 잔인한 야만성을 지닌 자들이 어찌 위안부나 강제징용 문제에 대해서 인간적인 잘못을 시인하고 배상을 하려 하겠는가. 저들은 애초에 그런 인성을 갖고 있지 않아 보인다.

　몇 년 전에 문우들과 함께 군산으로 문학기행을 갔다. 그곳은 일제 강점기의 흔적이 많이 남아 있다. 적산가옥과 일본인 거주 지역의 잘 정돈된 도로는 물론이고 너른 평야에서 거둬들인 기름진 쌀과 조선의 고혈을 짜내어 수탈한 각종 물건을 본국으로 실어내어 가기 좋게 만든 항구 등이 남아있다. 자기들의 이익을 위해 만든 시설을 마치 조선의 근대화를 위해 애쓴 양 변명해 대는 저들이 역겹기만 하다. 그 변명을 옹호하는 국내 친일 성향의 고위 인사들의 자세는 도대체 이해할 수가 없다. 100여 년 전에 친일 매국 행위를 했던 자들의 정신엔 얼마만 한 일본 혼이 배어 있으며, 몸속엔 몇 퍼센트의 일본 피가 흐르고 있었을까. 그리고 지금의 친일 성향을 보이는 자들에겐 또 얼마큼의 그것들이 남아 있길래 저러는 것일까.

저들의 말도 안 되는 짓을 수긍하려는 친일 성향의 우리나라 몇몇 고위 인사들 모습에 그저 답답함을 느낀다.

일본과의 갈등에서 빼놓을 수 없는 게 '독도'다. 학교에서 아이들에게 독도 교육을 할 때면 비장한 마음이 든다. 단순히 독도를 사랑하자는 구호를 외친다던가, 섬 모형 만들기나 독도 인근에 살았던 강치 이야기 들려주기 등 만으로는 성이 차지 않는다. 일본이 뻔한 역사적인 사실에도 불구하고 자기네 땅이라고 우기는 본질적인 이유를 나는 다른 것에서 찾고 있다.

일본이 독도를 놓지 않는 이유는 대륙진출을 위한 빌미로 삼기 위한 장기적인 계획 때문이다. 독도만큼 트집 잡기 좋은 게 저들에게 또 어디 있을까. 독도를 갈등의 씨앗으로 남겨둬야 나중에 대륙진출을 위한 전쟁의 명분을 내세울 수 있기 때문이라고 생각한다. 말하자면, 독도는 일본의 옛 영광을 되찾기 위한 전쟁 불쏘시개로 삼기 위한 약은 수작인 것이라고 생각한다. 이런 내용을 아이들에게 독도교육 내용 중에 빼놓지 않고 하고 있다.

대통령이 일본에 가서 각종 친일 발언을 하였고 나아가서 독도 관련하여서는 '섬상납'까지 하고 왔다고 국민들은 성토하고 있다. 설마 그렇게까지야 했을라고 싶다가도 정말 그런 생각을 대통령이 하고 있는 것은 아닌지 섬뜩한 생각이 든다. 우리 국민 모두가 독도 지킴이로 나서는 마당에 대통령이 무슨 까닭으로 일본에게 눈치 보며 강한 얘기를 못하는지 알 수가 없다. 언론이나 유튜브를 통해 나도는 이야기들이 사실이 아니기를 바랄 뿐이다.

대륙 진출 계획을 하나하나 이루어나가기 위해 일본은 지금 여기저기에서 준비하는 모습을 보이고 있다. 이런 원대한 계획을 실현시켜 나가기 위해 일본은 지금 한일관계의 갈등 요소인 위안부 문제와 강제징용 문제를 한국의 호소에 맞게 받아들이지 않으려는 것은 당연한 일이다. 다가올 미래에 또다시 일어날 일일지도 모르는데 그들이 뭐가 아쉬워서 응하겠는가. 일본의 이런 치밀함에 우리나라는 철저히 대비해야 한다.

전에 함께 근무했던 학교 동료들이 방학 때 일본 여행을 갔다 오자고 했다. 나는 싫다고 했다. 지금으로선 결코 내키지 않는 곳이다.

내 마음 안에 일본 여행 가고 싶다는 생각이 들어설 날이 과연 언제 올까.

한 많은 글

얼마 전에 인사동에서 하는 캘리그래피 전시회 구경을 하였다. 우리 한글을 그림처럼 멋을 내어 쓴 글자가 눈을 즐겁게 해 줬다. 어느 한 작품 앞에서 조금 길게 머물렀다. 큼직하게 모양을 내어 쓴 두 글자 '한글'이다. 내 눈은 액자 안의 작품보다 밖에 붙여놓은 작품 설명에 눈길이 닿았다.

'한 많은 글'

이 기막힌 글귀가 나를 오래도록 붙잡아두었다. 그렇지! 한글은 한 많은 글이지. 세종대왕이 만들어낸 지 600여 년이 다 되어가는 동안 우리글이 걸어온 길은 흙먼지 날리는 돌길이고 때로는 질퍽거리는 진흙길이며 천길 낭떠러지로 언제든 굴러 떨어질 아슬아슬한 좁은 산길이었지. 얼마나 많은 서러움과 괴로움의 눈물을 삼켰던 글이었던가. 언문이니 암클이니 하는 업신여김도 모자라서 일제 강점기 때엔 아예 말살정책으로 목숨을 다할 뻔한 아픔마저 겪었다. 모진 숨이 그나마라도 붙어서 여기까지 왔으나 여전히 대접 못 받기는 매한가지다. 실속 없는 겉모양만 한글이지 가만히 들여다보면 속을 채우고 있는 것은 한자와 일본말, 그리고 영어 투성이다.

 길거리를 다녀보면 건물마다 보이는 간판 글귀가 죄다 외국말이다. 가끔 우리글이 보이면 반가울 정도다. 우리 동네에서 조금 벗어나 큰 길가에 마치 왕궁 같은 건물이 하나 들어섰다. 교회 건물도 아니고 상가 건물도 아닌 듯한 모양이라서 오가면서 궁금하게 생각했다. 저 건물은 어떤 쓰임을 두고 지은 걸까. 결혼식장을 지었나? 간판을 달고나면 알게 되겠지 생각했다. 어느 날 드디어 간판을 달았다. 반가운 한글이다. 낱낱의 커다란 입체 글자를 옥상 바로 가까운 높이에 정성껏 붙여놓았다.

 '부추꽃더클래식 너싱홈'

 이게 무슨 뜻인가. 한글인데 도대체 알 수가 없다. 간판만 가지고는 무슨 쓰임으로 지은 건물인지 알 수 없다. 지나가는 어떤 나이 지긋한 부부가 그 간판 글자를 보더니 도대체 뭐라고 쓴 거야 하며 고개를 갸웃거린다. 나중에 이곳은 요양병원이라는 것을 알게 되었다.

 이 간판 글은 그래도 한글옷을 입고 있으니 그나마 다행이지,

얼마 전에 대통령 기자회견 때 대통령 책상에 놓인 팻말 글귀는 이랬다.

'the buck stops here'

이 영어는 책임을 지겠다는 뜻이라나 뭐라나. '대통령 …'라고 쓰여 있을 자리에 뜬금없는 영어 글자가 웬일인가 싶어 머리를 갸우뚱했다. 뿐만 아니라 그전에는 경제 얘기를 하는 자리에서 한 말이 언론과 사람들 사이에서 한바탕 입에 오르내렸다.

"거버먼트 인게이지먼트가 바로 레귤레이션이다. 마켓에 대해서 정부는 어떻게 레귤레이션 할 거냐…. 더 적극적으로 더 아주 어그레시브 하게 뛰어 봅시다."

나라의 가장 높은 곳에 있던 분이 만든 우리글을 몇백 년이 지난 오늘날 역시 가장 높은 곳에 있는 사람이 우리글을 안 좋아하는 듯하여 씁쓸한 마음이 든다.

요즘에 동화를 쓴답시고 우리말 공부를 공들여서 하고 있다. 오래전에 사서 읽었던 이오덕 선생님의 《우리글 바로 쓰기》와 《우리 문장 쓰기》라는 책을 다시 꺼내어 공부하고 있다. 삼십여 년 전에 사서 한번 읽고 누렇게 바랠 때까지 거들떠보지 않던 책이다. 이미 돌아가신 분이지만 여러 권의 책을 남기어 우리말과 글을 살려 쓰는 길을 올바르게 열고자 애쓴 이오덕 선생님이다. 지금 다시 읽어도 큰 배움과 울림을 주는 책이다.

사람들은 어째서 어려운 한자와 일본 번역 말글, 그리고 영어 쓰기를 즐겨 쓰려고 할까. 많이 배우고 많이 안다고 자랑하려는 모습이 아니면 권위를 내세우려는 것은 아닌가, 하고 선생님은 묻고 있다. 이렇게 선생님이 애쓰셨는데도 우리말은 여전히 괄시를 받고 있다.

이오덕 선생님의 뜻을 이어받아 우리말을 살려 쓰는 데 애쓴 분들이 또 있다. 여러 사람 가운데 최 아무개라는 분은 누구보다도 돋보이는 활동을 해오고 있다. 우리말 사전을 여러 권 내고 그 밖에 다른 우리말 살리기에 도움 되는 책도 많이 냈다. 이분 책 서너 권을 살펴보니 이오덕 선생님의 뜻을 오롯이 이어받았음을 알 수 있다.

동화 쓰는 길에 나서다가 이렇게 우리말과 글을 공부하는 걸음도 아울러 내딛게 되었다. 배우면서 우리말과 글이 얼마나 깨끗하고 고운지 더 많이 느끼는 요즘이다. 우리말의 70퍼센트가 한자어로 되어 있어서 한자 공부를 하지 않으면 안 된다는 주장에 나도 고개를 끄덕여왔다. 하지만 공부를 하면서 느낀 바로는 70퍼센트를 우리말로 바꿀 수도 있겠다 싶었다. 어쩔 수 없이 쓸 수밖에 없는 한자말이야 별 수 없지만 우리가 마음만 먹으면 해낼 수 있다고 본다.

'역전앞', '초가집' 같은 말이 겹말이라는 것은 여러 사람들이 알고 있다. 하지만 '미리 예약했다', '박수를 친다'가 겹말이었다니

글 쓴다는 나로서도 몰랐다. '~에 있어서', '~에게로부터의'와 같은 말은 일본 말투라고 한다. 우리말 속에 퍼져있는 이런 얄궂은 말의 늪에서 벗어나야겠다는 생각을 했다. 그러려면 공부를 해야 한다. 아는 만큼 보인다는 말은 예술에서만 쓰는 말이 아니다. 알고 난 뒤에는 조금만 살피고 애쓰면 우리말 속에 잘못 자리 잡은 말을 바로잡을 수 있다고 본다.

한자와 일본 말투를 걷어내고 살아있는 우리말로 쓴 글월을 보노라면 기분이 그렇게 좋을 수가 없다. '그렇지. 이게 우리글이고 우리말이지!' 하며 뿌듯한 생각을 하게 된다. 내가 쓰는 수필과 동화가 그런 글이면 얼마나 좋을까.

한 많은 글이 오롯이 자랑스러운 '한글'이 되는 날이 어서 오길 바란다.

한 표

 머리 깎으러 미용실에 갔다. 우리 아들보다 서너 살 많은 청년 사장이 운영하는 '블루클럽'이라는 남성 전용 미용실이다. 머리를 깎으면서 선거와 관련된 얘기를 나눴다. 마침 국회의원선거 유세가 한창이어서 미용실에 있는 TV에서도 관련 뉴스가 나오고 있었다. 어느 당을 응원하느냐고 청년 사장이 내게 묻는다. 난 잠시 머뭇거렸다. 지난달에 왔을 때 이 청년이 전라도의 외가에 가길 꺼리는 이유를 말했던 게 기억이 나서다. 할아버지가 정치 얘기를 하며 당신의 성향을 손자에게 자꾸만 강요한다고 했다.
 어느 모임 어떤 자리에서건 정치 관련 얘기를 나누기는 쉽지 않다. 대놓고 이런 종류의 얘기는 하지 말자고 말하는 사람도 있다. 자칫 싸움으로 번질까 봐서일 게다. 모임에서뿐만 아니라 수필 문학의 공간에서도 마찬가지다. 정치와 종교 관련된 주제는 될 수 있는 한 피하자는 게 암묵적 약속이다. 그러다 보니 정치라는 것은 우리와는 상관없는 저쪽 세계에 사는 사람들 얘기이거나 정치인이 논하는 것쯤으로만 생각하는 것 같다. 선거 때가 되어서야 겨우 정치 영역에 살짝 기웃거릴 뿐이다.

"우리 서민들을 살기 힘들게 만드는 편을 들어줄 수는 없지 않겠어요?"

미용실 청년의 물음에 난 직접 어느 당이라고 말하지 않고 돌려서 이렇게 말했다. 청년은 그렇지 않아도 물가가 너무 올라서 밖에 나가 밥 한 끼 사 먹기가 겁난다고 했다. 어느 당을 지지하는지 굳이 말하지 않아도 이만큼의 얘기로 우리 둘은 서로 공감하며 웃었다. 미용실을 나오는데 마이크 소리 요란한 유세 차량이 지나가고 있었다. 잘하겠다고 말하는 저들의 소리가 소음처럼 들렸다. 무얼 얼마만큼 잘하겠다는 것일까.

우리가 살아가는 많은 곳에서 사실 정치와 무관한 게 무엇이 있는지를 생각해 본다. 끝 모르게 올라가는 물가, 생존을 위협하는 환경 문제, 저출산과 고령화 사회 문제, 육아와 교육 문제 등 어느 한 가지라도 정치와 무관한 게 있는가. 이럼에도 여기저기서 정치 얘기를 하지 말라고 하니 답답하기 그지없다. 나라 살림을 이끌어가는 사람들이 정치를 잘하는지 못하는지 평소에 살펴봐야 한다. 그래야만 선거 때 제대로 투표를 할 수 있다. 투표를 잘못하면 결국엔 내가, 우리가, 대한민국이 힘들어질 수도 있다는 사실을 역사적으로나 요 몇 해 동안 지켜봐 오지 않았던가.

불과 몇 년 전만 해도 우리나라의 국격은 드높았다. 코로나에 맞서는 방법을 잘했다고 다른 나라에서 칭찬하며 배워가려고 했고, 문화 예술도 K라는 앞 글자를 당당하게 붙여가며 얼마나 높게 평가를 받아왔던가. 또한, 자원 없는 나라임에도 불구하고 수출을 잘하고, 인재를 잘 길러내어 남부럽지 않게 사는 나라의 반열에 올라서 왔다. 그러한 자랑스러움과 영광이 마치 꿈이었나 싶을 정도로 요즘엔 허물어져 버린 듯하여 안타까운 생각이 든다.

TV뉴스나 유튜브를 통해서 후보들의 지지율이나 각 당 판세 분석의 여론조사 결과가 교자상 위에 화려한 진수성찬처럼 차려진다. 정치에 관심 많고 적은 사람들에 대한 얘기와 낙동강 벨트니 한강 벨트니 하며 어느 당이 유리하고 불리한지 그래프를 보여줘 가며 얼마나 친절하게 알려주는지 모른다. 하지만 이 모든 것이 유권자가 투표장에 가지 않으면 별 의미가 없다. 투표를 적극적으로 하겠다는 사람과 그러지 않겠다는 사람을 나눠 설명하는 이유도 이 때문이다. '소중한 한 표'를 잘 행사해 달라고 중앙선거관리위원회에서 독려하지만, 투표율이 육십몇 퍼센트를 넘느냐 안 넘느냐를 각 당과 언론은 관심과 걱정을 갖고 지켜보고 있다. 투표율이 높으면 그만큼 제대로 된 일꾼을 뽑는다는 믿음이 있기 때문일 것이다.

열 명 중에서 서너 명은 투표를 안 한다는 얘기인데, 주권자로서 권리를 포기하고서야 어찌 정치를 잘하네 못하네를 얘기할 수 있겠는가. 물론 투표 안 하는 것도 자기 뜻을 나타내는 방법의 하나라고 얘기하면 할 말은 없다. 투표에 참여하지 않는 사람들에게 이유를 물어보면 흔히 하는 변명이 있다. 정치하는 꼴이 엉망이고 그놈이 그놈이라서 찍어줄 사람이 없다는 것이다. 시간 내어 투표소까지 가는 일이 귀찮거나 게을러서, 또는 놀러 가기 위해서 그렇다는 말은 뒤로 숨긴다. 이런 사람들을 위해서 오래전에 따갑게 충고하는 위인들의 말이 떠오른다.

"정치를 외면한 가장 큰 대가는 가장 저질스러운 인간들에게 지배를 당하는 것이다."

플라톤이 한 말이다. 우리나라 사람도 한마디했다.

"정치란 덜 나쁜 놈을 골라 뽑는 과정이다. 그놈이 그놈이라고 투표를 포기한다면 제일 나쁜 놈들이 다 해 먹는다."

함석헌 선생의 말이다. 촌철살인으로 투표를 포기하는 사람들이 새겨들어 볼만한 명언이다.

아파트 현관 우편함에 두툼한 하얀 서류 봉투가 와 있다. 투표 안내 관련 서류가 들어 있는 봉투다. 열어보니 여러 당이 내세우는 인물사진과 공약이 적힌 홍보물이 그득하다. 국회의원 지역 후보와 비례대표 후보들까지 합쳐서 얼마나 많은 사람이 쏟아져 나오던지. 고화질 사진과 글자가 질 좋은 종이에 보기 좋게 인쇄되어 내게 제발 찬찬히 꼼꼼하게 살펴보고 한 표를 달라고 아우성치고 있다.

며칠 뒤, 사전투표 날 동네 행정복지센터에 차려진 투표장에 갔다. 마음속에 담아 둔 후보 난에 도장을 꾹 찍었다. 그리고 비례정당 투표지를 살펴봤다. 듣도 보도 못한 정당들까지 마흔 개 가까이 되어 투표용지가 꽤 길었다. 나라 걱정하는 사람들이 참 많다는 생각을 했다.

내 소중한 '한 표'가 살아 숨쉬기를 바라며 투표장을 나왔다.

손흥민과 이강인

한 스포츠 선수의 인성 문제로 한동안 세상이 떠들썩했다. 이강인 축구 선수 이야기다. 아시안컵 축구대회 4강전을 앞두고 이강인이 손흥민에게 폭력을 휘둘렀다고 한다. 손흥민은 축구 실력과 인성을 두루 갖춘 최고의 스포츠인으로 세계가 인정하는 선수다. 이런 손흥민의 뒤를 이을 선수로 많은 사람이 이강인을 뽑아왔다. 그런 이강인이 막말을 하고 폭력을 썼다니 믿을 수 없는 일이었다. 축구를 사랑하는 사람들이 충격에 빠진 것은 당연하다. 나도 평소에 좋아하던 이강인이 그런 행동을 했다는 소식에 적잖은 실망을 했다. TV 프로그램 <슛돌이> 방송에 나와서 실력을 뽐내던 땅꼬마 이강인이 얼마나 귀여웠던가. 우리나라 축구의 밝은 앞날에 크게 이바지할 선수구나 싶어 볼 때마다 흐

못해하곤 했다. 여론은 아우성치며 쓰나미처럼 밀고 들어와 이강인을 모질게 덮쳐버렸다. 계약을 맺은 광고사들은 곤혹스러워하며 서둘러 광고 사진을 내리는가 하면, 손해배상 소송을 준비하는 일까지 벌였다. 이 모든 게 바르지 못한 이강인의 인성이 부른 화다.

인성人性이란 무엇이기에 한 사람에 대한 인식을 이렇게 한순간에 바꿔버리는가. 인성을 한마디로 설명하기엔 어려움이 따른다. 범위가 무척 넓고 깊기 때문이다. 《인성 8 덕목》이라는 책(이창호 외 공저)에서는 배려, 소통, 정직, 예절, 존중, 책임, 협동, 효라는 여덟 가지 덕목으로 이루어진 것이 인성이라고 설명하고 있다. 이 덕목들이 한 사람 내면에서 잘 조화를 이루게 되면 비로소 바른 인성의 꽃을 피울 수 있다고 하는데, 과연 나 같은 사람은 몇 가지나 이 관문을 통과할 수 있을지 모르겠다. 어쨌든 바른 인성을 갖게 되면 좋은 인간관계를 이룰 수 있다는 점은 확실한 것 같다. 인성이 인간관계에 영향을 준 얘기를 좀 해봐야겠다.

장인어른이 들려준 얘기다. 장인은 오래전에 미국과 캐나다로 이민 간 두 친구를 가끔 만나곤 했다. 젊어서부터 누구를 만나든지 반가이 맞이하고 정성껏 잘 대접해 주는 장인 성격상 이 두 친구에게도 그렇게 했다. 그런데 어느 때부터인가 멀리서 온 두 친구를 대하는 태도가 달랐다. 미국 친구가 오면 버선발로 반기며 맞이하지만, 캐나다 친구가 오면 오든지 말든지 냉랭하게 대하게 됐다. 그 까닭은 그동안 두 친구가 보인 태도 때문이었다. 미국 친구는 한국에 오면 친구 식구들을 위해 선물도 사 오고 식사 자리도 손수 마련하는 등 베풀려는 태도를 보이곤 했다. 하지만 캐나다 친구는 남부럽지 않은 재력을 뽐내면서도 늘 빈손에 그저 얻어먹기만 하는 이기적인 태도로 일관해왔다. 세월이 흘러 생각의 폭이 넓어지면서 달라지려니 기대했는데, 예나 지금이나 달라진 게 없었다. 괘씸한 생각이 들어 이제는 더 이상 만나고 싶지 않다고 한다.

아내도 인간관계와 관련된 비슷한 경우의 얘기를 했다. 여럿이 여행을 가거나 함께 식사 자리가 있을 때마다 표 나게 구두쇠 모습을 보이는 아는 동생 얘기다. 처음 몇 번은 그러려니 하며 품고 가려했지만 한결같은 모습에 모임원들이 질려버렸다. 이제는 그 동생을 빼놓고 모이는 일이 많아졌고 그렇게 하니 너나없이 마음이 편하다고 했다.

눈에 보이지 않는 인성이라는 덕목이 사람 사이에서는 이렇게 이야기를 만들어내곤 한다. 남의 감정에 공감할 줄 모르는 사람, 자기 이익만 좇고 남을 배려할 줄 모르는 사람은 인간관계에서 어려움을 겪을 수밖에 없다. 기본 인성이 문제가 되어 소중한 인연을 이어가지 못한다면 개인으로선 불행한 일이다.

인간관계를 어떻게 가져야 하는지는 어려서부터 학교나 가정에서 배워 알 수도 있지만, 평소에 바른 인성이 저절로 몸에 배어 있는 사람이라면 자연스럽게 알고 실천할 수 있다고 본다. 만약 부족하여 다른 사람과 마찰이 되풀이된다면 어찌해야 할까. 사람은 쉽게 변하지 않는다고 하는데 그렇다면 가혹한 일이 아니겠는가. 아무래도 《카네기 인간관계론》이라도 급하게 들추어 봐야 할 듯싶다.

개인의 문제에서만이 아니라 집단, 사회, 국가에서도 지도급에 있는 사람의 인성은 아주 중요하다. 많은 사람의 재산과 생명을 보호해 줘야 하는 자리에 있는 이는 당연히 올바른 인성을 갖추어야 한다. 그렇지 않으면 많은 사람에게 불행을 안겨주고 눈물까지 흘리게 할 수 있기 때문이다. 옛날 어진 임금이 다스린 나라의 백성은 태평성대를 누렸지만, 포악한 독재자의 지배를 받던 사람들은 고통스럽게 살아갔음을 여러 역사적인 기록이 말해주고 있다. 독일의 히틀러가, 캄보디아의 폴포트가, 그리고 가까이는 우리나라의 일부 지도자가 그러한 사실을 냉혹하게 말해주고 있다.

이강인의 얘기로 너무 멀리 온 것 같다. 존 맥스웰이라는 사람은 다음과 같이 말했다.

"많은 사람은 지식을 가지고 잠시 성공하고, 몇몇 사람은 행동을 가지고 조금 더 오래 성공하지만, 소수의 사람은 인격을 가지고 영원히 성공한다."

이제라도 손흥민처럼 인성을 잘 갖추어서 영원히 성공하는 이강인 선수가 되길 응원해 본다.

잠깐! 지금껏 남 얘기만 하느라고 놓친 게 있다. 정작 나는 어떤가. 나라는 사람의 인성은 어떤지 누가 솔직하게 말해주오.

배운 자들의 해악

해악 하나

내가 중학생 때다. 다가구 주택에 살 땐데 옆집 아저씨가 나만 보면 농담으로 "곽 검사님, 학교 다녀오셨군요." 하곤 했다. 그때 그분이 말한 검사라는 직업이 구체적으로 뭔지는 모르지만 공부를 잘해야지만 할 수 있는 높은 직업이구나 싶었다.

그 뒤 20대나 30대의 어른이 되어서 흔히 듣는 말은 검사 사위 얻으려면 열쇠가 적어도 세 개는 있어야 한다느니, 어느 집에는 개천에서 용이 났는데 알고 보니 그 집 자식이 사법시험에 합격하여 검사가 될 거라는 등의 얘기를 마치 미담처럼 하던 때가 있었다. 그런 얘기는 사실 뜬금없는 소리는 아니다. 지금도 여전히 유효한 일이기도 하고. 한 평 남짓한 고시원 그 좁은 곳에서 몇 년에 걸쳐 고생하는 이유도 이해할 만하다. 되기만 한다면 가문의 영광이요, 어려운 살림 피는 일은 맡아놓은 당상이다.

요즘은 사법고시가 없어지고 로스쿨 제도로 바뀌어 그나마 개천에서 용 나는 일은 없어졌다고 한다. 가난하기에 갈 수 없는 로스쿨이 아니던가.

어쨌든, 오로지 앞만 보고 달린 이들, 오로지 공부만 한 사람들은 적어도 우리나라에서는 성공 길에 접어들 확률이 높다. 그래서 그들은 옆도 보지 않고 친구도 만나지 않고 오로지 고시방에 들어앉아 책과 씨름을 한다. 외우고 또 외우고…. 머리가 지끈거리게 아프더라도 참는다. 이 시련만 견디면 찬란한 내일의 태양을 맞이할 수 있다. 이렇게 해서 그들은 어려운 관문을 통과한다. 이들 앞길은 이제 탄탄대로다. 이들 중 검사가 되는 이가 있고, 판사의 길을 가는 이도 있다. 검사들은 법전을 성서로 삼아 사람들의 잘잘못을 조사하여 기소하고, 판사들도 또한 법전을 앞에 놓고 죄의 유무와 다소를 따져 판결을 한다. 앞에 나와 앉아 판결을 기다리는 사람들의 초조한 눈빛과 타는 가슴은 이들에 의해 탄성도 되고 한숨도 된다. 이들에 의해 운명과 삶의 명암이 결정된다.

판사와 검사들은 많이 배웠다는 점에서 지식인일지언정 모두가 지성인은 아니다. 하지만 많은 삶의 경험이 없다는 점 때문에 감성인이 되기는 쉽지 않은 듯하다. 그런 면에서 그들은 타인의 운명을 좌우하는 냉정함은 갖고 있지만, 타인의 눈물을 닦아줄 온정은 보기 쉽지 않은 듯하다. 그래서 사람들은 그들 앞에만 서면 오금이 저리고 고개를 들지 못한다.

요즘 일어나고 있는 검사들과 판사들, 그 밖의 소위 지성인들의 개인 이기주의는 힘 없고 권력 없는 사람들이 보기에 원망스러울 정도다. 지성의 가면을 쓰고 야성을 드러내는 사람들, 권력을 이용하여 남에게 피해를 주는 사람들을 어렵지 않게 보고 있는 게 현실이다.

죄의 유무와 과중을 따지는 일에 공감과 감성이 동반된 온정보다는 냉철한 이성이 필요함을 모르는 바는 아니다. 문제는 일관성 없는 게 문제다. 이들은 그 냉정함 속에 자신들의 이익, 자기 조직에 대한 편향된 에고이즘이 만연되어 있어서 기소와 판결에 표준화된 잣대인 법보다는 자신들의 주관적인 잣대를 들이대는 경우가 종종 있다는 것이다. 이렇게 해서 억울한 이들이 발생하고 그들에게 피눈물을 흘리게 하고 있다는 게 문제다.

인권은 내팽개쳐 버리고 한 평온한 가정을 압수수색 한답시고 쑥대밭을 만드는 검찰의 행패를 긴 나날 동안 봐왔다. 한 여학생의 일기장까지 압수하는 몰염치한 행태를 보면서 저들의 냉정함을 보았다. 그들에게는 작은 온정과 공감이라고는 조금도 없음을 알았다.

법치에 따른 정의를 앞세운다지만 겉으로 내세우는 구호일 뿐,

정치적인 기소와 판결 또한 허다하게 행하는 게 저들의 모습이다. 수년에 걸쳐 한 정치인에 대해 수많은 압수수색과 기소를 일삼은 일은 세상이 다 아는 일이다. 증거는 없었다. 그 많은 일들은 그래서 행패였고 폭력이었다.

법 감정 이전에 인간적인 감정으로도 도저히 이해할 수 없는 판결을 마치 대낮에 강도질하듯 저들은 서슴없이 저질렀다. 사법 정의를 헌신짝 버리듯 하였다. 그런 저들을 우리 국민들이 어찌 신뢰할 수 있을까. 무서워서 어디 숨이라도 제대로 쉴 수 있겠는가. 그저 저들이 마음만 먹으면 우리 국민들은 모두 다 잠재적인 죄인들이다.

배운 자들이 우리 사회에 끼치는 해악이다. 우리 평범한 사람들에게는 억울한 일 없이 사는 게 밥 먹고 사는 일 못잖게 중요하게 여긴다. 배고파서 자살하는 이는 없어도 억울해서 자살하는 사람이 나오는 이유다. 적어도 법을 다루는 사람들은 그릇된 지성의 칼을 함부로 휘둘러서 사람 목숨을 좌지우지하는 일이 없어야 한다. 사법 정의가 올바로 세워질 때 국민은 비로소 편안하게 밥을 먹을 수 있다. 그들 스스로 정의의 길을 가지 못하기 때문에 타의에 의해 바로 가게 만들 필요가 있다. 그것이 국민의 대표 기관인 국회가 할 일이다. 공수처(고위공직자범죄수사처)가 할 일이다. 국가인권위원회에서 할 일이다. 하지만 이런 기관들이 제 역할을 못 해낸다면 무슨 소용이 있을까. 그저 돈 없고 힘

없는 사람들은 옛날 백성들처럼 하늘만 보고 원망만 해야 하는가. 언제 우리 약자들은 정의로운 세상에서 편하게 숨 한번 편하게 쉬면서 살려나….

해악 둘

많이 배운 사람들, 지성인들이 이 사회와 국가에 공헌하는 바는 적지 않다. 하지만 해악 또한 마찬가지다. 그 해악은 한 나라를 망치는 정도가 아니라 전 세계를, 지구 전체를 위협하고 있다.

유튜브를 검색하다가 우연히 다큐멘터리 하나를 마주하게 됐다. '전쟁의 종식자 오펜하이머와 원자폭탄'이다. 2차 세계대전을 빨리 끝내기 위해서 미국은 원자폭탄을 만들어야겠다는 계획에 발 벗고 나섰다. 전쟁 광분에 휩싸여 있는 독일의 히틀러보다 더 빨리 말이다. 그래서 엄청난 수의 과학자들을 불러 모았다. 이 계획의 총지휘자로 물리학자로서 최고의 실력을 갖고 있는 로버트 오펜하이머를 내세웠다. 수많은 과학자 중엔 아인쉬타인도 그곳에 있었다. 짧은 기간 밀도 있는 연구와 노력 끝에 미국의 사막 한가운데서 거행된 핵실험은 큰 성공을 거두었다. 경쟁자인 히틀러는 이미 죽고 없었지만 전 세계에서 우뚝 서려는 미국은 이 계획을 더욱 힘차게 밀고 나갔다. 전쟁 끝 무렵 거센 일본의 저항에 드디어 이 원자폭탄을 사용하게 되었다. 일본의 히로시마와 나가사키에 투하된 원자폭탄으로 수십만의 희생자가 발생하였다. 엄청난 비극이었다. 이에 세계는 원자폭탄의 엄청난 위력에 공포를 느꼈고 오펜하이머는 인류에 저지른 죄의식으로 원자폭탄 관련 일에서 물러나게 되었다. 하지만 소련도 몇 년 뒤에 핵실험을 성공하여 미국에 맞서게 되었다. 이것은 미국이 원자폭탄보다 더 큰 위력을 지닌 수소폭탄 계발에 나서는 이유가 됐다. 이로써 핵으로 지구가 어느 한순간에 사라질지도 모른다는 공포로 인류는 불행을 안고 살아가는 처지가 되었다.

이렇게 배운자들의 해악은 인류의 생존마저 위협하는 지경에 이르게 하였다. 미래를 송두리째 앗아가 버리게 하는 위험하고 어리석은 짓을 한 것이다. "어리석음은 비교적 피해가 없지만, 지성적인 어리석음은 고도로 위험하다. 이 지성적인 어리석음이 인간이라는 종의 생존을 위협하고 있다."라고 에크하르트 톨레는 그의 저서 《NOW》에서 얘기했다. 요즘 세상의 일을 보면 이 말이 진하게 가슴에 와닿는다. 지성이 미친 짓에 봉사하는 꼴이 된 것이다.

나라 걱정

친구나 가족 모임에서 흔히 하는 우스갯소리가 있다. 연예인 걱정과 재벌 걱정, 그리고 '나라 걱정'처럼 쓸데없는 걱정이 없다는 얘기다. 너 아니어도 다 알아서들 잘할 거니까 걱정일랑 붙들어 매 두라고 한다. 그런데 요즘 들어 이 가운데 나라 걱정만큼은 안 할 수가 없다.

광복 79돌 맞이 경축 행사가 두 군데로 나뉘어서 했다는 뉴스를 듣고 어찌 걱정하지 않을 수 있겠나. 과일이 두 쪽으로 나뉘는 일 말고는 둘로 쪼개지는 일을 우리나라 사람들은 별로, 아니 많이 좋아하지 않는다. 무엇보다 아픈 역사를 앞에 놓고서는 더욱이 그렇다. 일본 압제에서 해방된 날을 기념하는 광복절 행사를 정부에서는 세종문화회관에서 하고, 독립운동 유족회와 광복회 단체, 그리고 야당은 용산 백범기념관에서 했다고 한다. 가장 경사스러운 국가 행사를 둘로 나누어져서 했다니 크게 걱정할 일이다.

정부의 중요 일을 맡아보는 자리엔 언제부터인가 일본을 위하며 끌어안고 가야 한다고 주장하는 사람들로 채워졌다. 이들은 헌법에도 뚜렷하게 밝히고 있는 대한민국 정부수립이 1919년부터임을 인정하고 있지 않다. 그리고 광복한 뒤 1948년을 건국한 해라고 외친다. 그리고 이승만을 건국의 아버지라고 내세운다. 정작 이승만은 정부수립 연설에서 상해임시정부 때부터 이미 우리나라가 있음을 인정했는데 말이다.

보수 우익이 원하던 영화 한 편이 나왔다고 한다. 수필 글모임 방에 어떤 분이 올려놓은 글 때문에 알게 되어 유튜브를 살펴보고 있는 중이다. 이승만을 국부國父라고 부르면서 재조명해야 한다고 보수 우익에 있는 사람들은 핏대를 올리고 있다. 이미 오래전에 역사적 심판이 깨끗하게 내려진 독재자에 대해서 다시 이렇다 저렇다 들먹이며 소리치는 사람들이 정말 어처구니가 없다. 이승만이 어떤 사람인가. 일본 압제에 부역한 사람들을 고스란히 광복된 나라 곳곳 중요 자리에 앉혀서 일하게 하여 친일 청산의 길을 막은 사람이 아닌가. 그로 말미암아 친일파의 후손들이 지금 독버섯처럼 퍼져서 나라의 전정한 독립을 왜곡하고 민주화를 방해하는 사악한 존재들로 행세하고 있지 않은가 말이다. 생각할수록 부아가 치밀고 가슴 아픈 일이다. 뿐만 아니라, 이승만은 6.25 전쟁 때 한강철교를 파괴하여 수많은 사람들의 피난길을 막은 일은 이미 잘 알려졌다. 또한, 제주 4.3 사건으로 얼마나 많은 목숨을 빼앗아가게 했는가. 이어서 3.15 부정선거를 저질러서 4.19 혁명이 일어나게 했고 결국 대통령 자리에서 쫓겨난 사람이 바로 이승만이다. 이런 사람을 국부니, 독립운동가니, 건국의 아버지니 하며 떠받드는 꼴이 그저 황당하기만 하다. 이런 역사의 죄인을 재조명하겠다고 나서다니 가슴 치며 피토할 노릇이다.

　독립운동을 했던 홍범도 장군과 김구 선생님 동상을 육군사관학교 안 잘 보이는 곳에서 외딴곳으로 옮겼다는 얘기가 나온 지 얼마 안 되어서 이제는 전쟁기념관에 전시되었던 독도조형물을 치워버렸다는 소식까지 들린다. 또 사람들이 많이 다니는 여러 전철역에 전시되었던 독도조형물도 소리 소문 없이 치우거나 버리고 있다고도 한다. 이 정부가 도대체 왜 이러는가. 독도 방어 훈련도 제대로 안 하거나 하더라도 몰래 숨어서 한다고 하니 아무래도 이상하다. 일본한테 독도를 내어주려는 짓을 하려는 게 아닌지 의심스럽다. 일본이 제 것이라고 우겨대는 독도이지 않은가. 언제든지 빼앗으려고 눈을 부라리고 있는 이 작은 섬은 동해 끝자락에 있는 우리나라의 자존심이다. 그래서 우리 모두가 독도는 우리 땅이라고 학교에서나 관공서에서나 전철역에서나 모형을 만들어 교육하고 구호를 외치곤 하는 게 아닌가. 나도 독도의 날이면 아이들과 독도모형 만들기를 하면서 왜 이 작은 섬을 살뜰히 지켜내야 하는지 교육하여 왔다. 그런 노력을 더욱 힘쓰지는 못할망정 이 정부가 도대체 왜 이러는지 모르겠다.

일본은 1592년 임진왜란을 일으켜 우리나라를 빼앗으려고 했다. 그 뒤 300여 년이 지난 1910년엔 드디어 우리나라를 빼앗아 버렸다. 영원히 제 나라로 될 것만 같았던 한반도를 36년 동안만 누리고 되돌려줘서 못내 아쉬워한 저들이다. 언제든 또 그 영광을 다시 찾고자 몸살을 앓고 있는 저들에게 독도는 빌미로 삼을 수 있는 최고의 섬이다. 누구에게 듣거나 배우거나 하지 않았어도 난 오래전부터 일본이 독도를 문제 삼아서 전쟁을 일으킬지 모른다고 생각해 왔다. 지진으로, 화산 폭발로 불안한 섬을 벗어나 대륙으로 옮겨가 살려는 마음이 저들이 바라는 꿈일 것이다. 그렇게 하려는 일본 우익의 낌새가 여기저기서 드러나고 있다.

우리는 이에 맞서서 막아낼 준비를 해야 한다. 시민단체나 진보단체는 말할 것도 없이 우리나라 전체가 나서야 한다. 그런데 정부가 이에 대응하는 모습이 영 믿음이 안 가서 불안하다. 오히려 앞장서서 일본을 두둔하고, 나아가서 독도를 양보하려는 모습까지 보이는 듯하니 어처구니가 없다.

이런데도 나라 걱정을 안 할 수 있겠는가. 제2의 독립운동을 해야 한다는 말까지 곳곳에서 나오고 있는 형편이다. 일본과 일본 편을 드는 사람들을 우리 모두 두 눈 똑바로 뜨고 지켜볼 일이다.

내년에 학교 현장으로 돌아가면 아이들에게 역사 공부를 더욱 제대로 가르칠 수 있도록 준비해야겠다. 그것이 먼저 내가 할 중요한 일이다.

고시엔의 감동

다음은 재일 한국계 민족학교인 교토국제고가 고시엔甲子園으로 불리는 일본 전국고교야구선수권대회에서 사상 첫 우승을 하고 일본 전국에 울려 퍼진 한국어 교가다.

동해 바다 건너서 야마토 땅은
거룩한 우리 조상 옛적 꿈자리
아침저녁 몸과 덕 닦는 우리의
정다운 보금자리 한국의 학원

1915년 시작된 '여름의 고시엔'은 일본 고교 야구 선수들에게 '꿈의 무대'로 통한다고 한다. 일본 전체 4,000여 학교 가운데 지역 예선을 통과한 49개 학교만 본선에 오른다.

교토국제고는 지난 8월 23일, 일본 효고현 니시노미야시 한신 고시엔 구장에서 열린 '제106회 전국고교야구선수권대회' 결승전에서 도쿄 간토다이이치 고등학교를 맞아 이기고 창단 첫 우승을 했다. 고시엔 대회에는 승리팀의 교가를 제창하는 전통이 있다. 이날 열린 결승전에서도 교토국제고가 우승을 차지한 뒤 선수들이 교가를 불렀다. 조그만 이 학교가 우승을 하였으니 얼마나 멋진 일인가.

이 학교의 전신은 1947년 재일동포가 세운 교토조선중학교이다. 1958년 교토한국학원으로 재편한 뒤 1963년에 고등부를 개교했다. 2003년 일본 정부의 정식 학교 인가를 받아 교토국제 중·고로 이름을 바꾸고, 일본인 학생도 받기 시작했다. 야구를 좋아한 남학생들과 K-POP 등 한국 문화에 관심이 많은 여학생들이 대거 입학해 전교생의 70% 이상이 일본 국적이다. 고시엔 대회에 출전한 선수 전원이 일본 국적인데, 이들은 경기 때마다 우리말로 된 교가를 목청껏 불렀다. 노랫말도 그렇고 소리와 음악의 가락이 우리 정서를 그대로 나타내고 있다. '일본해'가 아닌 "동해 바다 건너서"로 시작되는 이 노랫말이 주는 느낌도 좋고, 또 이 모습을 공영방송 NHK에서 그대로 생중계했다니 가슴이 벅찰 따름이다.

얼마 전 우리나라의 공영방송 KBS는 제79주년 광복절 첫 방송으로 일본의 국가인 기미가요가 포함된 오페라를 방송했다. 광복절 오전 0시부터 KBS1의 'KBS 중계석'을 통해 내보낸 '나비부인'은 미국이 일본을 강제로 개항시킨 시기를 배경으로 한다. 여자 주인공과 여러 사람이 기모노를 입고 등장하고, 일본의 옛 국가國歌를 이르던 말로써 일왕을 찬양하는 내용이 담겨 있으며, 특히 일제 강점기에는 황민화 정책의 하나로 조선인에게 강제로 부르게 한 기미가요를 방송했다. '금기'를 깨트린 KBS는 많은 사람들한테 손가락질을 받았다.

KBS의 기미가요 방송에 화나고, NHK의 우리말 교가에 감동하는 까닭은 요즘 친일 식민사관이 여기저기서 꿈틀거리고, 이와 함께 곳곳에 마련됐던 독도 조형물 없애는 일 때문에 더욱 그렇다. 얼마 전 임명된 독립기념관장을 두고 "독립운동의 가치를 폄훼하고 일제의 식민 지배를 미화하는 인사"라는 광복회의 반발은 지금까지 없던 일이 나라 안에서 벌어지고 있다는 어두움을 말해준다.

일본이 우리나라를 업신여기는 일이야 어제오늘 일이 아니라 그러려니 한다. 하지만 우리나라 안에서 책임 있는 자리에 있는 사람들이 앞장서서 내놓고 일본 편을 들어주는 모습은 어떻게 받아들여야 할지 모르겠다.

일본이 과거의 잘못을 인정하고 용서를 빌며 우리와 함께 잘 지내보자고 손을 내민다면 모를까, 여전히 식민지배를 했던 옛

날을 그리워하며 다시 그때와 같은 영광을 되살리려는 움직임이 곳곳에서 나타나고 있는 요즘이 아닌가. 일본이 바라는 일들을 서슴없이 해주려는 사람들 모습이 참으로 걱정스럽다. 핵오염수 처리를 걱정하지 말자고 말하질 않나, 우리 조상들의 눈물과 설움이 있는 사도광산이 유네스코에 등재되는 일을 찬성하질 않나, 독도 지우기에 앞장서질 않나, 이 모든 게 한꺼번에 일어나고 있는 듯하여 무척 걱정스럽다. 이러다가 설마하니 독도를 내주자고 할는지도 모를 지경이다.

일본은 이때다 싶어 더욱 우리나라를 몰아붙이고 있다. 고시엔에서 한국어 교가가 방송되니까 일본 극우 세력들은 인터넷과 SNS에 한국을 깎아내리는 게시물을 잇달아 올리며 감정을 돋우고 있다. 교토국제고 우승 뒤, "교토국제고를 고교야구연맹에서 제명하는 것을 요구한다", "역시 한국어 교가는 기분이 나쁘다", "교토의 수치", "왜 다른 나라 학교가 나왔나" 등 혐한에 가까운 글이 다수 올라왔다고 한다. 생방송으로 우리말 교가를 내보냈다고는 하지만 NHK 일본어 자막에선 고유명사인 '동해'를 '동쪽의 바다'로 바꿔서 방송했고, '한국의 학원'이란 가사도 '한일의 학원'으로 원래 뜻과는 다르게 송출했다고도 한다.

대통령은 페이스북에 "열악한 여건에서 이뤄낸 기적 같은 쾌거는 재일동포들에게 자긍심과 용기를 안겨줬다. 한·일 양국이 더욱 가까워졌으면 좋겠다."고 했다.

"고유명사인 '동해'를 '동쪽의 바다'로 표기한 건 NHK의 명백한 잘못이다"라고 말하길 기대하는 것은 꿈일까.

빡빡머리를 한 교토국제고등학교 선수들이 일본 고시엔 구장 한가운데 나란히 서서 한국어 교가를 부르는 영상을 다시 보며 난 가슴이 뭉클해졌다.

3부

엿보기

세 엄마 새엄마

누구한테나 '엄마'라는 단어는 가슴 뭉클한 느낌을 준다. 나 또한 마찬가지다. 다만 내 안에 자리 잡은 엄마는 체험에서 온 것이 아니고 학습된 감정이고 그랬으면 하는 바람의 개념이다.

내 삶에서는 세 분의 엄마가 있었다. 어머니라고 말하지 않고 굳이 '엄마'라고 하는 까닭은 어린 시절에 맞이한 인연이기 때문이다.

오랫동안 내 안에 묻어두었던 엄마 이야기를 이제야 굳이 꺼내는 까닭은 두 가지다. 감추는 데서 오는 답답함을 이렇게라도 풀어줘서 나 자신을 자유롭게 하기 위해서다. 또 하나는 아내와 두 자식 앞에 솔직한 남편과 아버지로 서기 위해서다.

첫째 엄마 이야기

젖먹이 아기를 빼앗기고 쫓겨나듯 내쳐진 여인은 반은 미쳐버렸다. 사람들은 안타까워하며 우선 거처할 곳으로 어떤 홀아비 집에 머물게 했다. 그 홀아비는 이북에서 홀로 내려와 마을에 정착한 사람으로 성실하고 정직한 사람이다.

외로운 두 사람은 서로 의지하며 살게 된다. 하지만 여인은 두고 온 아기 생각에 여전히 제정신이 아니다. 반은 미쳐서 정상적인 생활을 할 수 없다.

여기까지가 내가 상상해 낸 첫째 엄마에 대한 이야기다. 하지만 이 얘기는 어느 날, 첫째 엄마의 남동생(79세)을 만나 사실을 듣고는 다음과 같이 바로 잡아야 했다.

강원도 평창이 고향인 여인은 그곳에 사는 이씨 성을 가진 사람과 결혼을 하여 아들 하나를 낳는다. 남편과 심하게 다툰 뒤 여인은 친정 식구들이 사는 경기도 양주의 어느 마을로 온다. 그리고 돌아갈 생각을 않고 이 일 저 일을 하며 친정 식구들과 더불어 산다. 친정아버지가 돌아가라고 해도 막무가내다. 결국 이씨 성을 가진 사람과 이혼한다.

한참을 그렇게 살다가 이를 딱하게 여긴 동네 사람이 이웃 마을의 머슴살이하던 곽씨 성을 가진 이와 연을 맺어준다. 둘은 없는 살림이나마 작은 집을 마련하여 오순도순 산다. 그러다가 여인은 임신을 한다. 가임기가 훨씬 넘은 터라 임신은 생각지도 못한 일이다. 배가 불러오는 게 확실하여 부부는 크게 기뻐하고 주변 사람들도 마을의 경사라고 축하를 해준다. 그런데 이게 웬일인가. 나중에 알고 보니 상상 임신이었던 것이다. 생명이 들어서야 할 배 속에 괴塊가 들어선 거였다. 괴塊란 여자에게 많이 생기는데 병으로 배 속에 덩어리가 생기는 일이다.

  수술하여 몸은 낫게 되었지만 여인의 마음에 난 상처는 낫지 않았다. 얼마나 바라던 아이였던가. 여인은 거의 미쳐가고 있었다. 느닷없이 산에 올라가 흙을 파내지를 않나, 실없는 소리를 해가며 없는 아기가 있는 것처럼 찾아 나서질 않나 했다.

  마을 사람들은 걱정하며 마냥 안타까워했다. 그러다가 마침 희망적인 일이 생겼다. 이웃 마을에 갓 낳은 아기를 키울 사람을 찾는다는 얘기가 들려왔다. 잘됐다 싶어 마을 사람들 가운데 어느 아주머니가 나서서 아기를 이 미쳐가는 여인에게 데려다줬다.

  핏덩이 같은 아기는 젖을 오랫동안 물지 못해 사람의 형상이라고 보기 어려워 보였다. 생명을 이어갈 것 같지 않을 만큼 건강 상태가 몹시 안 좋았다. 하지만 아이를 건네받은 여인은 마치 제 자식을 찾은 양 좋아했다. 정신도 돌아온 듯하다. 여인은 젖을 물렸다. 이미 나오지 않는 마른 젖일 뿐이었다. 여인은 이것저것 마련하여 암죽을 끓여 아이에게 먹였다. 개구리까지 잡아서 푹 고아 죽을 만들어 먹이기도 했다. 아기는 점차 살이 붙고 사람의 형상으로 잡혀갔다. 혹시나 하고 불안해하던 이웃 사람들은 이를 보고 기적이 일어났다고들 했다.

나는 이렇게 살아날 수 있었다. 첫째 엄마가 아니었으면…. 생각만 해도 끔찍하다. 첫째 엄마는 그래서 내 생명의 은인이면서 내 안에서 진정한 엄마의 자리를 갖게 되었다. 그 뒤에 온 다른 엄마들에겐 이와 같은 사랑을 받지 못했기 때문에 이분이야말로 내 인생에서 유일한 엄마라고 생각한다.

난 어쩌자고 그렇게 세상에 왔을까. 누군가의 간절한 소원의 결실이 아닌 무거운 짐으로 말이다. 짐은 결국 미움을 동반한다. 귀찮은 존재로 남을 수밖에 없다. 누구도 받아주지 않는다면 죽을 수밖에 없는 운명이다. 그런 나를 첫째 엄마는 따뜻하게 받아주었고 목숨을 이어가게 해 주었다. 한 사람의 삶을 들여다보면 간단하다. 태어나고 죽는 것이 삶의 본질이다. 다만 태어나고 죽는 그 사이의 과정이 길고 짧으냐가 다를 뿐. 난 그 과정이 아주 짧을 뻔했다. 여태껏 살아남아서 지금도 과정 안에 있다. 행운이다. 이 행운을 누리게 해 준 분이 첫째 엄마다. 너무 어렸던 탓에 엄마가 왜 떠났는지, 어디로 떠났는지 기억나는 게 거의 없다. 한 가지, 어느 날인가 엄마에게 업혀 개울을 건너면서 느끼던 따스한 엄마의 등이 어렴풋이 기억난다. 품이었으면 더 좋았을 것을 하고 생각하다가도 이나마의 기억이 어디랴 싶기도 하다. 아 참 또 하나, 둘째 엄마랑 살고 있던 어느 날 마을로 찾아와 내게 단팥빵 두 봉지를 쥐어주고 도망치듯 떠난 기억이 난다. 나는 못나게도 그 단팥빵에만 정신이 팔려있었고, 그분의 뒷모습만 얼핏 감정 없이 바라봤을 뿐이다.

선물 같은 '삶'이라는 행운을 준 엄마의 고마움은 그 어떤 말로도 다 표현할 수 없다. 파아란 하늘에 떠 있는 하얀 뭉게구름을 보면서, 한여름 짙은 녹음 속에 여기저기 피어있는 들꽃 사이를 거닐면서, 또 지저귀는 새소리를 들으면서 난 살아 있는 이 순간을 자주, 그리고 한껏 느끼고 있다. 너무 소중한 삶이기에.

내가 고등학생일 때다. 엄마가 재가하여 사는 가평엘 찾아간 적이 있다. 하룻밤 자면서 이런저런 얘기도 나누고 따순밥도 해주서서 먹고 왔다. 착한 남편과 그분 자식들의 효도로 편하게 살고 계셨다. 그 뒤, 나는 이 작은 몸 하나 살아내는데 정신이 팔려 못 찾아뵈었다. 나중에 들리는 소문에 엄마가 돌아가셨다고 한다. 허망하다는 생각에 내 게으름을 탓했다.

엄마의 장례식 날은 비가 엄청 많이 왔다고 한다. 엄마의 막내 남동생, 내게는 삼촌 뻘인 분의 얘기다. 강릉의 어느 공원묘지에 안장시켜 드린 날 눈을 뜰 수 없을 정도로 억수 같은 비가 내렸다고 한다. 엄마는 온 세상을 눈물바다로 만들면서 그렇게 가셨던가. 난 엄마가 돌아가신 날을 알지도 못하여 배웅을 못 해드렸다. 친아들과 마지막까지 함께 살던 의붓아들이 가시는 길에 함께했다고 한다. 다른 의붓아들인 나는 그 자리에 없었다.

이제라도 누워계신 곳을 찾아가서 인사를 드리려고 한다. 묘지 장소를 잘 아는 친아들의 행방을 알 수 없어 어떻게 찾아가야 할지 고민이다. 그러나 기어코 찾아갈 작정이다. 찾아가서 절하며 나를 있게 해 주심에 감사의 말씀을 드려야 한다. 당신 앞에 단팥빵 두 봉지를 올려드리며.

둘째 엄마 이야기

몸과 마음을 아프게 한 엄마였다.

내가 걷고 말하기 시작하는 때쯤인지 그 전인지는 모르지만 무서운 엄마가 내 앞에 있었다. 세상 엄마들은 다 무섭고 아프게 하는 사람인 줄만 알게 하던 엄마, 둘째 엄마다. 내가 만약 엄마를 고를 수 있는 권한이 있다면 절대로 선택하고 싶지 않은 엄마 유형이다.

이 엄마와 살던 때는 내가 좀 더 자란 뒤라 많은 기억이 난다. '콩쥐와 팥쥐' 이야기에나 나오는 팥쥐 엄마라고나 할까. 동화에서 찾는다면 그런 엄마다. 이 엄마에 대한 기억 중에 좋은 것은 찾아볼 수 없다. 온통 나쁜 것들로 가득 차있다. 그중에서 몇 가지를 짚어 본다.

굶기를 밥먹듯이

둘째 엄마는 아이에게 두 가지로 고통을 주었다. 한 가지는 먹는 것으로, 또 다른 한 가지는 때리는 것으로였다.

영양결핍으로 아이의 얼굴은 마른버짐 투성이다. 뼈만 앙상하게 남아서 겨우 버티고 있을 정도여서 또래 아이들보다 체격도 작다. 하지만 둘째 엄마는 아랑곳하지 않고 음식을 주는 일에 늘 각박하다. 일하는 정도에 따라 밥을 주곤 한다. 그 밥도 꼭 물에 말아서 준다. 반찬은 대개 오이짠지나 소금, 간장이다. 아이는 허기진 배를 밥 반, 물 반으로 채워나가는 일이 많다.

아이는 아무도 없는 어느 날 집을 보다가 배고픔에 못 견뎌 부엌으로 간다. 떨려 몸을 제대로 가눌 수 없다. 무엇이든 먹어야 한다. 하지만 함부로 먹다간 엄마한테 크게 혼나기 때문에 조심스럽다. 공기가 잘 통하는 부엌 한쪽에 파란 플라스틱 소쿠리가 있다. 그 안에는 하얀 밥이 소복하게 담겨있다. 밥을 먹어야 한다는 생각에 아이는 먼저번에 그랬던 것처럼 손가락으로 밥 표면의 소복함이 망가지지 않게 조심스레 긁어낸다. 그런 뒤 손가락에 묻은 밥알을 핥아 먹는다. 몇 번이고 그렇게 하면 배고픔을 조금은 잊을 수 있다. 밥 무덤의 소복함이 망가지지 않아야 엄마한테 안 들킨다는 것을 너무 잘 아는 아이다. 살기 위해 그런 기막힌 방법을 아이는 터득한 것이다.

어느 날 엄마는 닭을 잡았다. 닭 잡는 날엔 아이도 한껏 기분이 좋다. 고기 맛을 볼 수 있는 유일한 날이기 때문이다. 엄마는 닭 대가리 하나를 인심 좋게 내 그릇에 넣어준다. 아이는 닭 모가지를 뼈째 먹는 데 익숙하다. 그리고 씹는 맛은 없지만 부드러운 닭 벼슬도 남김없이 먹는다. 마지막 남은 것은 벼슬을 이고 있던 골이다. 수저로 파먹기에는 너무 적은 양이지만 어느 하나라도 남길 수 없는 귀한 것이다. 마지막으로 고소한 국물을 마시면 그날 성찬은 끝이다. 어쩌다 엄마가 닭 국물에 밥 한술을 말아주기라도 하면 그날은 기쁨이 넘치는 날이다. 이 음식이 세상에서 제일 맛있다고 느끼며 아이는 행복해한다.

배고픔에 대한 기억은 그 고통이 커서 오래도록 잊히지 않는다. 지금 생각해도 표 안 나게 밥을 긁어먹던 일은 겁나면서 슬픈 재미가 있었다. 어쩌면 그런 생각을 해 냈을까. 생존 본능이 영악함을 키워낸 모양이다. 파란 소쿠리와 하얀 밥의 그 선명한 색의 대비는 지금도 문신처럼 뇌리에 새겨져 있다.

고등학교 다닐 때 악명 높은 교감의 별명이 닭 대가리였다. 정말 닭처럼 얼굴색이 닭 볏 빛깔처럼 불긋불긋하였고 몸 전체에 비해 머리 부분이 작아서 닭의 형상을 떠올리게 했다. 그때마다 난 어린 시절 닭 대가리를 먹었던 기억을 되살리곤 했다. 지금이야 안 먹고 개 사료로 쓰곤 하지만 그 당시에 시골에서는 남김없이 다 먹던 귀한 것이었다. 둘째 엄마는 징그러웠던지 그것을 아낌없이 내게 주곤 했다. 그런 일이 몇 번 있다가 보니 닭 대가리의 골이 아주 조금 있다는 것과 닭 눈깔이 어떻다는 것을 잘 알게 되었다.

둘째 엄마는 먹는 것을 마치 무기 삼아 내게 무슨 일을 시킬 때마다 일 잘하면 밥을 많이 주겠다고 하곤 했다. 밥을 많이 주기만 하면 난 무슨 일이든지 열심히 했던 기억이 난다. 그 당시에 내 최고의 관심사는 배고픔을 면하는 것이었기 때문이다.

미꾸라지 잡는 일은 싫어

눈이 하얗게 덮인 시골 마을은 아이에겐 이미 낭만적이지 않은 지 오래다. 엄마는 삽을 들고 아이 손에 깡통과 괭이를 쥐어줬다. 미꾸라지를 잡으러 가는 채비다. 누군가 얘기해 줬는지 모른다. 겨울 미꾸라지가 맛있다고. 마을 산등성이를 넘어 논두렁 옆 개울까지는 제법 걸어야 한다. 아이는 벌써 발이 얼얼하고 어설프게 장갑 낀 손은 감각이 없다. 그러거나 말거나 엄마는 얼음 뒤덮인 땅을 괭이로 찍어내고 삽으로 뒤적거린다. 잠자던 미꾸라지가 그만 들켜서 꼬물꼬물 몸부림치며 도망가려 한다. 깡통에 담긴 미꾸라지가 서너 마리 뒤엉켜 있다. 엄마는 어떻게 알고 미꾸라지를 그리 잘 찾아내는지 모른다고 아이는 생각한다. 하지만 그런 생각도 잠시, 어서 집에 가서 몸을 녹이고 싶어 발을 동동 구른다. 추위를 견디지 못하고 기어코 운다. 그런 아이를 엄마는 야멸차게 외면하고 미꾸라지 잡느라 정신이 없다. 그날 집에 어떻게 왔는지 모른다. 아이는 방 안에서 언 손과 발을 녹이는 동안 또 운다. 따뜻한 기운에 녹는 손발은 아리고 고통스럽기 때문이다. 아이는 이런 아픔을 주는 겨울이 마냥 싫기만 하다.

셋째 엄마를 따라 서울에 와서 살 때 손가락과 발에 걸린 동상 때문에 한동안 고생했다. 겨울에 두꺼비 배처럼 퉁퉁 부은 손가락은 따뜻한 봄쯤에는 엄청난 가려움증으로 괴롭히곤 했다. 얘기하기 좋아하는 어떤 어른들은 나중에 썩기 때문에 결국은 잘라내야 한다고까지 해서 겁을 주었다. 난 그 말이 진짜인 줄 알고 앞으로 닥칠 끔찍스러운 일을 어찌 맞이할지 큰 걱정을 하곤 했다. 하지만 그런 일은 일어나지 않았다. 다행히 나중에 저절로 나았다. 하지만 무책임한 어른들의 말 때문에 마음고생을 얼마나 많이 했는지 모른다. 어쨌든 이때 걸린 동상은 둘째 엄마가 남겨준 유산이었다. 둘째 엄마는 그렇게 겨울철마다 미꾸라지를 잡으러 나를 끌고 다녔다. 고무신 신은 발과 어설프게 어른 목장갑 낀 손은 추위로 뼛속까지 저리는 고통을 주곤 했다. 그리하여 결국은 동상까지 걸리게 되었다.

돌이켜 생각해 보면, 둘째 엄마라는 사람은 상식을 뛰어넘는 몰인정과 알 수 없는 어떤 잔인함이 있었다. 자신은 따뜻한 차림이지만 어린아이에게는 그 엄동설한에 추위를 이길 수 있는 최소한의 옷차림도 생각해 주지 않았다. 건강을 해치든 말든 상관 안 하고 오로지 자신의 목적만을 이루려고 했다. 그 겨울, 그 눈 덮인 언 땅, 그 차가운 겨울바람은 내 마음속에 동상이라는 아픔으로 새겨져 있다.

일하는 고통, 매 맞는 아픔

써레질을 하고 난 뒤의 논은 모내기를 하기엔 아직도 손을 더 봐야 한다. 지난해 추수하고 난 뒤 남은 지푸라기나 뽑혀 너저분하게 흩어져 있는 잡초를 주워내야 한다. 엄마는 그 일을 아이한테 시킨다. 그 일을 열심히 하면 밥을 많이 주겠다고 한다. 아이에게 그보다 큰 상은 없다. 밥을 많이 먹기 위해서 아이는 허리를 구부려 쉴 새 없이 지푸라기와 마른풀 찌꺼기를 끄집어낸다. 처음엔 할 만한데 나중엔 허리가 끊어질 것처럼 아프고 무엇보다 다리가 후들거려 쓰러질 것만 같다. 논 옆 그늘이 드리워진 너른 바위에 앉아서 엄마는 더 힘내라고, 밥 많이 주겠노라고 소리쳐 말한다. 엄마는 점심밥을 많이 준다. 아이는 일한 대가를 오로지 밥이라는 상으로 받는다.

엄마는 읍내에 장이 설 때마다 만든 두부나 밭작물, 삶은 나물류를 내다 팔러 나가곤 한다. 그때마다 혼자 집에 남게 된 아이에게 꼭 일감을 주고 간다. 한번은 콩을 까 놓으라고 마루에 산더미처럼 콩단을 쌓아놓고 나간다. 돌아올 때까지 다 까 놓지 않으면 혼날 줄 알라는 말과 함께. 놀고 싶은 마음이 가득하지만 아이는 꾹 참고 일을 한다. 가끔 문밖을 내다보면 윗동네에서 놀고 있는 동무들이 부럽기만 하다. 일을 다 하고 함께 놀고 싶지만 해도 해도 줄지 않는 일이다. 해가 뉘엿해지자 다 까지 못한 콩 더미가 두려운 괴물로 다가온다. 엄마가 들이닥치면 야단맞을 것이 뻔하다. 아이는 콩단 한 뭉치를 뒷곁 수풀 사이에 숨긴다. 어설픈 그 행동은 곧 엄마한테 들켜서 더 많은 매를 맞는다. 그래도 아이는 감당할 수 없는 많은 일을 두고 그런 요령을 또 부리곤 한다. 그리고 계속 맞아 몸 성할 날이 없다. 몸 여기저기에 생긴 멍 자국 때문에 바둑이 같이 보인다.

옛날엔 아이들이 노동과 함께 일상을 살았다. 하지만 이웃집 아이들과 비교할 때 내게 주어진 노동 정도는 심했다. 아침에 일어나서 잠잘 때까지 노는 시간은 주어지지 않았다. 일을 해야 밥을 먹을 수 있었고 일을 해야 매를 덜 맞았다. 나는 그저 노예였고 노예는 매를 맞아야 부려먹을 수 있다는 것으로 엄마는 알고 있는 듯했다. 매를 맞을 땐 너무 아파서 도망가기 일쑤였다. 그러나 언제부턴가 엄마는 도망도 못 가게 한 손으로 내 손목을 부여잡고 다른 한 손으로 마구 때리곤 했다. 용케 도망쳐도 괴롭기는 마찬가지다. 추운 겨울에 발가벗겨져서 한 데 나가 오들오들 떠는 일은 곧 죽음과도 같기 때문이다. 어느 겨울날 밤늦게 쫓겨나서 윗집 부엌 아궁이 속에서 잠을 잔 적이 있다. 불 땐 뒤 아궁이는 여전히 따뜻함이 남아있었다. 아침 지으러 부엌에 온 아주머니가 깜짝 놀랐다. 얼마나 놀랐는지 이분은 나중까지 이 사건을 두고두고 얘기했다. 이밖에 웅덩이 물에 나를 거꾸로 처박게 한 일, 비 오는 날 버섯 따오게 한 일 들…. 내 기억창고에 들어차 있는 이야기들은 오랜 세월이 지났건만 어찌하여 여태껏 잊히질 않는지 모르겠다.

물리적으로 저항할 줄 아는 나이는 몇 살부터일까. 내 팔 근육은 아주 여리고 내 다리는 너무 가늘어서 어릴 때는 어떤 저항도 할 수 없었다. 생각해 보면, 내가 최초로 물리적인 대항을 할 수 있었던 때는 중학교 3학년 때인 듯싶다. 때리려는 아버지 손목을 완강하게 잡고 버티며 눈을 부릅떴던 일이 그때다. 하지만 둘째 엄마의 폭력 시절엔 난 마냥 약한 아이였고, 그보다 더 약한 것은 생각하는 힘이 없었다는 것이다. 난 그저 이리저리 뛰어다니는 강아지보다 조금 나은 개체에 불과했다. 그나마 죽지 않을 만큼만 때린 엄마에게 고마움이라도 느껴야 했을까. 몸의 상처는 아물었지만 내면의 상처는 환갑을 바라보는 이 나이에도 여전하다. 이제 다시 생각해 본다. 그런 과거 일이 아물면 무엇할 것이며 안 아물면 또 어찌할 것인가. 내 생명을 다할 때까지 불가능할 것 같은 치유를 자꾸만 바랄 필요가 무엇이 있을까 싶기도 하다.

이렇게 글로 쓰면서 내 안에 있는 어린 영도를 위로해 주면 된다고 생각할 뿐이다.

셋째 엄마 이야기

서울로 이사 가는 날

어른이 된 지금 과거 어린 시절 기억을 떠올린다. 어른은 스스로 판단하고 결정하는 힘을 갖고 있다. 자칫 어린 시절을 잘못 얘기할까 봐 애써 그 당시의 아이로 돌아가 얘기하련다. 너무도 힘없는 그저 나약하기 짝이 없는 아이는 그 어떤 결정도 내릴 수 없어 그저 어른들의 결정에 따를 수밖에 없다.

엄마의 아들, 형의 교육을 위해 시골 살림을 정리하고 서울로 이사 가던 날이다. 삼륜차에 이삿짐을 잔뜩 싣고 막 출발하려던 순간, 누군가 차 쪽으로 다가온다. 못 보던 아저씨다.
"얘를 데려가려고요? 거기 데려가면 사람 구실이나 하겠어요? 내가 데리고 잘 키우고 살 테니 입 하나 던다 생각하고 놔두고 가쇼 형님."
뜻밖의 아저씨 부탁에 아버지는 아무 말을 안 하고 앞만 바라본다. 그러라고 하면 어쩌나 하여 아이는 잔뜩 겁을 먹는다. 아저씨가

악마처럼 보인다. 팔과 다리는 물론이고 심장까지 떨린다. 좁은 앞좌석 어느 구석으로라도 숨고만 싶다. 이때 엄마는 아저씨 말이 어처구니없다는 듯 단호하게 말한다.

"얘도 우리 자식인데 무슨 소릴 하시는 거예요? 왜 남의 자식을 갖고 그런 말을 해요?"

엄마의 말에 아저씨는 물러서지 않는다.

"어차피 데려왔던 아이니 한 말입니다."

아저씨는 멋쩍은 표정으로 이렇게 말하면서 머뭇거리다가 그 자리를 떠난다. 아이는 가슴을 쓸어내린다. 엄마가 그처럼 든든하고 고마울 수가 없다. 만약 그때 차에서 내리게 되었다면 아이의 운명은 어찌 되었을까. 잠깐이나마 아버지는 망설이지 않았던가. 만약 엄마가 나서지 않았다면…. 생각만 해도 몸서리쳐지는 순간이었다.

전에 고향에 잠시 내려온 이웃집 형이 서울 자랑을 하던 일이 생각난다. 그 형은 멋진 옷을 입었고, 손목엔 번쩍번쩍 빛나는 근사한 금색 팔찌를 끼고 있었다. 아이는 자신도 이제 그 형처럼 멋진 서울 생활을 하게 될 것에 마음이 들떠 있다. 그런 생각으로 흔들리는 삼륜차에서 멀미를 참아내며 서울이라는 곳으로 향했다.

어른이 된 내 안에는 여전히 이 아이가 있다. 내게 엄청나게 중요했던 이 순간은 아직도 무서운 기억으로 남아 있다. 삼륜차에 못 탔더라면 지금의 나는 없었겠지. 요즘 가끔 나오는 뉴스 내용

중에 어느 농가에서 오랜 기간 노예 생활을 하며 비참한 삶을 살아온 나이 든 남자의 얘기가 나온다. 남의 궂은일을 하느라 그 사람은 인권을 짓밟히며 인간 이하의 삶을 살아왔다. 그의 인생은 없었다. 바로 내가 그 사람일 수 있었다. 생각만 해도 아찔하다.

둘째 엄마 때에 나는 이미 아이 노예로서 많은 고생을 해왔다. 내 배아픔으로 낳지 않은 아이는 그렇게 취급해도 좋은 건가. 시골은 하루 종일 일을 해도 모자랄 만큼 노동력이 많이 필요하다. 이사 가는 날 다가와 나를 데려가려고 했던 사람은 논일과 밭일을 잘하는 부려먹기 쉬운 노예가 필요했을 것이다. 그 사람한테 끌려갔다면 아마도 매 맞으며 노동에 시달리다가 병이 들어 제 명에 살 수 없었을지도 모른다.

나는 이때 성경의 '출애굽기'의 한 사람이었다. 젖과 꿀이 흐르는 가나안 땅으로, 가능성이 많은 서울로 그렇게 갈 수 있었으니 말이다.

이사 가던 그날 서울에 늦게 도착하였다. 시골에 있던 하늘의 달과 별은 집요하게 아이를 따라와 마치 다시 시골로 데려다 놓을 것만 같던 기억이 난다. 하지만 새로운 운명의 별 하나가 내내 날 보고 있지 않았을까.

달라진 엄마, 그리고 이별

　세상의 엄마들은 모성본능을 갖고 있어 자식을 목숨처럼 위한다. 눈에 넣어도 아프지 않은 것 한 가지가 있다면 그것은 자식이다. 하지만 내가 낳은 자식일 경우에만 그렇지 싶다. 적어도 내가 겪은 바로는 그렇다. 셋째 엄마는 함께 온 친자식에 대해서 끔찍하게 사랑의 눈빛을 주었다. 그래서 난 한때 셋째 엄마를 보면서 이 엄마가 내 진짜 엄마였으면 얼마나 좋을까를 생각했다. 물론 내게도 그런 눈으로 바라보는 듯했다. 하지만 오래가지 않았다. 아버지가 생활력을 잃고 집안 형편이 안 좋아지는 것과 때를 같이하여 난 천덕꾸러기 대접을 받았다.

　아이에겐 새엄마의 아들인 형이 있어 좋다. 시골에서 늘 혼자 외롭게 살다가 형이 생겼으니 오죽할까. 낯선 서울 생활 속에서 큰 의지가 된 형이다. 새엄마는 아이를 학교 보내기 위해서 출생신고를 한다. 정확한 나이를 알 수 없고 생일도 모르는 상태지만 학교 들어갈 다른 아이들보다는 한 살 많게 연도를 정했다. 그리고 생일은 아이가 처음 시골 그 집으로 오던 때가 가을이라고 한 아버지의 얘기를 듣고 추석 즈음으로 정했다. 그리하여 아이에게는 비로소 사람 구실을 할 수 있는 바탕이 마련된다.

　한 사람의 삶이 정상으로 꾸려져 나가기 위해서는 이런 절차와 내용이 필요했다. 특히 서울에서는. 출생신고와 함께 아이는 공식

적으로 사람 반열에 오르게 되고 이듬해에 입학한다. 이로써 셋째 엄마는 아이에게 배움의 길로 갈 수 있는 소중한 길을 터주었다.

하지만 거기까지다. 어찌 된 일인지 새엄마는 그 뒤부터 자기 자식만을 위할 뿐, 아이를 자식 취급하지 않기로 작정한 사람처럼 행동한다. 아이를 바라보는 눈빛은 남을 바라보는 눈빛이고, 어떤 일을 하든 밉기만 한지 사사건건 아이를 야단치고 미워한다. 엄마는 아이가 눈앞에 얼쩡거리는 것조차 싫어한다. 이를 본능적으로 눈치채고 기가 죽은 아이는 괴로운 날들을 보낸다. 학교에 들어갔지만 엄마는 학용품이나 책가방 같은 것은 일절 마련해주지 않는다. 그렇다고 아버지가 챙겨주는 일도 없다. 두 사람은 아이를 투명인간처럼 여기는 듯하다.

유일하게 형이 이것저것 챙겨준다. 형이 쓰던 낡은 책가방과 공책과 연필을 나눠주어서 그나마 최소한의 모양을 갖추어 학교를 다닐 수 있었다. 이런 형이 아이에겐 제일 믿음직스럽고 좋다. 형은 엄마처럼 아이를 싫어하지는 않는다. 형은 착하다. 아이는 형마저 없었으면 무척 외롭고 더 힘들었을 것이다.

엄마는 점점 더 심하게 변하여 삼륜차에 태워서 데려올 때의 그 엄마는 온데간데없다. 아이는 눈치를 보면서 요령껏 살아가는 방법을 익혀 간다. 밥 먹을 때 밥상 위의 맛있는 음식은 알아서 젓가락을 안 대고, 다 먹은 뒤엔 설거지통에 그릇을 조심스레 갖다 놓곤 한다. 알아서 이것저것 집안일을 한다. 아무리 엄마가 아이에게 모질게 해도 둘째 엄마보다는 좋은 엄마라고 생각하며 스스로 위로한다.

학교 입학할 때 새엄마는 3학년까지만 다니라고 아이에게 말했다. 그때까지면 글을 알고 셈도 할 줄 알 테니까 그 정도면 된다는 것이다. 그런 다음엔 기술을 익혀서 돈을 벌라고 했다.

아이는 학교를 즐겁게 다니다가도 점점 가까워지는 3학년이 두렵기만 하다. 학교에서 공부도 잘하여 반장도 하고 선생님의 칭찬도 받으며 생활하지만, 한편으로는 빠르게 다가오는 마지막을 생각하며 우울해하곤 한다. 드디어 3학년이 되었을 때 아이는 친구들과 선생님과의 작별 준비를 마음속으로 하기 시작한다. 선생님의 따뜻함이 클수록 더욱 마음이 아파서 울고만 싶어진다.

하지만 3학년까지만 다니는 일은 일어나지 않았다. 어쩐 일인지 엄마는 그만 다니라는 말을 3학년 끝날 때까지도 하지 않는다. 엄마는 무엇인가를 준비하고 있기 때문이다.

4학년이 시작될 즈음 엄마와 형은 아버지와 아이 곁을 떠나고 말았다. 아버지와 이혼을 한 것이다. 셋째 엄마와 아이는 이렇게 헤어졌다. 아이 인생에서 마지막 엄마였다. 아이는 엄마가 떠난 것보다 형을 잃은 것이 몹시 마음 아팠다. 그런 일을 받아들이기엔 너무 어렸다. 아이는 앞으로 누구한테 기대며 살아가나 하며 슬픈 나날을 보냈다.

먼 이야기인데 어쩐지 손을 뻗으면 잡힐 듯하다. 네 명 중 두 명이 떠나간 빈자리의 크기는 내 안에 그대로 커다란 구멍으로 남았다. 이미 서울로 올라올 때 예견되었던 일이다. 서울 가는 길이 아버지에겐 불행이었고 내겐 고통 반 행운 반이었다. 시골에 남았으면 더 큰 고통이 따랐을 테니 내겐 행운이라고 말하는 게 맞을 듯하다. 하지만 그 반의 고통이 세상을 살아가기엔 쉽지 않다는 것을 톡톡히 알려주었다.

셋째 엄마는 내게 '영도 너에게 엄마 복은 이 세상에 없다!'라고 확인시켜 주듯 떠났다. 하지만 원망하진 않는다. 그래도 서울로 날 데려온 엄마니까. 그래서 마음으로 이렇게 말한다.

'셋째 어머니, 제게는 큰 은인이셨습니다.'

이 세상으로 데려다준 엄마 이야기

태어나서 만난 세 엄마는 이제 이 세상 사람들이 아니지만 내 안에 여전히 남아 있다. 이분들은 가끔 꿈에서 또는 어느 때 생각의 미로에서 나를 아이 적으로 데려가 함께 지냈던 사연들을 얘기해 주곤 한다.

세 엄마 이야기는 다 했다. 하지만 또 한 분 얘기를 빼놓을 수 없다. 낳아준 엄마 얘기다. 이분은 내 안에 있지 않다. 잉태의 순간이나 갓 낳은 그때로 날 데려가지도 않는다. 그저 가끔 상상의 이야기를 꾸며내어 나 스스로 그쪽으로 다가가 보려고 애를 쓸 뿐이다.

하늘에 떠 있는 수많은 별 중 어느 하나가 그 생명을 다하여 사라진다고 해도 우주는 꿈쩍도 하지 않는다. '나'라는 생명도 이 지구에 잠시 나타났다가 사라진다고 해도 지구는 담담해 할 것이다. 그렇지만 삶의 길을 지금 걸어가고 있는 나는 다르다. 내 안에 지구도 있고 우주도 있어서 많은 생각 덩어리들이 떠다니고 있다. 그 덩어리가 내게 부딪혀와 이따금 아픔을 느끼게 한다.

기아棄兒, 버려진 아이라는 이 말을 정말 인정하기 싫지만 어쩔 수 없다. 난 그런 아이였다. 열 달 동안 뱃속에서 길러준 엄마, 그리고 낳아준 엄마가 누구인지, 버리기 전에 젖은 한 번 물렸는지 같은 궁금증은 내가 죽어서야 놓게 될 것이다.

아, 그런데 희한하다! 이 글을 다 쓰고 나니 마치 내가 새롭게 태어난 느낌이 드니….

단팥빵

 동호회 밴드에 어떤 회원이 아동학대에 대한 동영상을 올려놓았다. 무심코 본 내용은 충격적이다. 엄마인지 유모인지 모를 여자가 서너 살 정도 되는 어린애를 손으로 때리고 발로 찬다. 더 충격인 것은 아이의 두 발목을 잡고 공중에서 돌린 뒤, 바닥에 내동댕이치는 장면이다. 애는 울고불고 어찌할 줄 모르고 어른이 하는 대로 이리저리 휘둘린다. 바닥에 던져진 작은 몸뚱이가 꿈틀한다.
 소리 없는 영상이지만, 아이의 비명과 울음소리가 또렷이 들리는듯하다. 영상 아래에는 분노에 찬 사람들이 올린 댓글이 악을 쓰고 입에 올리기 뭣한 욕설이 난무한다. 나 또한 같은 심정으로 심장 박동이 요동친다. 그 뒤 아이는 어떻게 됐을까. 아, 사람은 어디까지 잔인해질 수 있는가.

쓰러져 울고 있는 아이가 어릴 때의 나와 겹쳐진다. 난폭한 저 여자와 새엄마가 하나 되어 무섭게 엄습해 온다. 여전히 기억 속에서 지워지지 않고 불쑥 나타나 나를 괴롭히는 계모. 그때마다 난 다시 작은 아이로 되돌아가 허우적대곤 한다.

초등학교 들어가기 몇 년 전이니 대여섯 살 때쯤인가 보다. 계모는 나를 무척 미워했다. 왜 그리 미워했는지 모르겠다. 하루도 구박하지 않은 날이 없었다. 어린애가 하기에 벅찬 일을 시켜놓고 다 못했다고 때리고, 심지어 먹을 것조차 안 주는 일이 허다했다. 매 맞는 것보다 배고픔이 더 힘들었다. 뼈만 앙상하게 남은 채 힘없이 앉아 있거나 누워 있는 일이 잦았다.

《몽실언니》를 쓴 권정생 선생님은 〈딸기밭〉이라는 시에서 배고픔에 대해 실감 나게 표현했다.

"너무 배고파서 딸기밭으로 달려갑니다. 열매가 하나도 없어 허탈하여…(중략)…흘러가는 구름이 자꾸 눈을 어지럽힙니다. 어머니 배가 고픕니다."

어머니는 배고픔을 해결해 주는 유일한 신이다. 그 신이 허기진 내 손에 단팥빵을 꿈처럼 쥐여주는 일이 생겼다. 어느 날 한 아주머니가 다가왔다. 키를 낮춰서 나를 찬찬히 살피더니 머리를 쓰다듬으며 뭐라고 얘기를 했다. 낯이 몹시 익은 사람이라는 생각을 했지만, 어지럼증으로 그저 멍하니 바라만 보았다. 그분은 주변을 살피더니 가방에서 뭔가를 꺼내어 조심스럽게 내게 건네줬다. 그것은 단팥빵 두 봉지였다. 아주머니는 내 얼굴을 몇 번 쓰다듬어주고는 이내 어디론가 황급히 가버렸다.

'엄마다! 엄마…!' 목소리는 가늘게 삼켜지고 곧 손에 쥐어진 단팥빵으로 눈이 갔다. 봉지를 뜯어내고 빵을 꺼내어 허겁지겁 먹었다. 빵에 있는 단팥이 어쩌면 그렇게 달고 맛있었는지 모른다. 두 개를 다 먹어갈 즈음이다. 이 모습을 저만큼 떨어진 곳에서 보고 있는 사람이 있었다. 계모다. 다짜고짜 다가오더니 뺨을 때렸다. 채 넘기지 못한 팥 알갱이가 허공에 흩뿌려졌다. 계모는 내 팔을 우악스럽게 움켜잡고 집 안으로 끌고 갔다. "네 에미가 준 빵 먹으니 그렇게 좋디? 따라가지 그랬냐"며 나를 물건 다루듯이 흔들어대고 부지깽이로 마구 때렸다. 맞는 일은 이골이 나서 익숙할 만도 한데 당할 때마다 처음인 듯 무섬증에 온몸이 움츠러들었다.

계모의 학대는 일상적이었다. 악쓰는 소리와 아이 울음소리는 작은 동네를 늘 어수선하게 했다. 보다 못한 이웃 사람들은 걱정스레 수군댔다. "제 새끼 아니라고 참 너무하네." 하고 나서서 말리기라도 할라치면, 남의 일에 왜 참견이냐고 화를 내며 보란 듯이 더 때리곤 했다.

이런 소문은 아버지와 이혼하고 다른 곳에 재가하여 살고 있던 엄마 귀에도 들어갔다. 안타까운 마음에 겨를을 내어 빵을 사들고 그날 그렇게 찾아온 것이다. 그때 왜 엄마를 무심하게 대했을까. 철딱서니 없이 엄마보다 빵에 더 정신을 팔다니…. 단팥빵의 달콤함과 씀바귀처럼 쓴 두 개의 서로 다른 일이 벌어진 그날 장면이 지금도 동화처럼, 혹은 악몽처럼 떠오른다.

빵을 주고 간 사람은 갓난아이 적의 나를 키워준 분이다. 마을 사람들 말을 빌자면, 그 아니었으면 난 이미 죽은 목숨이라고 한다. 그분은 그래서 내 엄마다.

꿈인지 생시인지 모를 아련한 그림이 떠오른다. 엄마 등에 업혀 물이 무섭게 흐르는 개울을 건너던 그림이다. 엄마 등은 안전했고 따뜻했다. 그 따뜻한 체온이 단팥빵 받은 날 내 얼굴에 닿은 손길과 더불어 '엄마'라는 모성애로 내 가슴에 귀하게 남아 있다.

세월이 지난 뒤, 마치 남북 이산가족 상봉하듯 엄마와 만났다. 고향 사람들에게 물어물어 계신 곳을 알아내었다. 가평 어느 마을, 제법 잘 갖춰진 규모 있는 기와집에 살고 계셨다. 너무도 작고 늙은 분이 다가와 반갑게 맞아주었다. 세월이 꽤 지났는데도 어찌 그리 금방 알아보던지. 나를 부둥켜안고 오랫동안 울었다. 그날 밤은 밀린 얘기 나누느라 세상과 시간이 정지된 듯했다. 엄마는 내가 너무 어려서 하지 못했던 비밀스러운 얘기를 조심스럽게 꺼냈다. 처음 당신께 온 참혹한 아기의 몰골, 달팽이처럼 꼬인 핏덩이가 살아날 수 있을까 걱정한 일, 먹일 젖이 없어서 개구리를 잡아다가 끓여서 암죽을 만들어 먹인 일, 그리고 기적처럼 살아난 일 등을 옛이야기처럼 해주었다. 내겐 안갯속에 가려졌던 내 정체성의 일면을 알게 된 놀라운 밤이었다.

이후 방학 때면 종종 엄마를 찾아가곤 했다. 그러다가 그곳 식구들 눈치도 보이고, 내 앞에 드리운 버거운 삶 때문에 발걸음이 한참 뜸했다. 나중에 돌아가셨다는 얘기를 들었다. 게으름과 무심함이 빚어낸 죄스러움에 난 홀로 눈물만 떨굴 뿐이었다.

엄마가 살려낸 이 몸뚱이, 계모의 모진 학대로 자칫 상할 뻔했지만 운 좋게 견뎌내어서 학교도 다니고 결혼하여 가정까지도 꾸릴 수 있었다. 하늘에서 이 모습을 보고 웃는 엄마를 그려 본다. 내게도 한때 엄마가 있었다.

아내가 빵을 사 갖고 왔다. 여러 종류인데 내가 좋아하는 빵이 있나 하고 이리저리 살펴본다. 단팥빵이 있다. 아내는 나를 위해 식구 중 누구도 좋아하지 않는 단팥빵을 꼭 끼워서 사 오곤 한다. 그저 단 것을 좋아하니까 그러나 보다 할 뿐, 내가 단팥빵을 진정으로 좋아하게 된 까닭은 아무도 모른다. 두 개째 먹는다. 안에는 단맛 그 이상의 무엇인가가 잘 버무려져 있음을 느끼면서.

형

지난번 설 명절을 맞이하여 오랜만에 고향에 갔다. 고향이라고 해봤자 친척도 없고 신도시로 바뀌어 어려서 놀던 뒷동산도 사라져 삭막하기만 한 곳이다. 그래도 향수병 때문인지 언제든 한 번 가보리라 해오던 터에 마침 친한 지인이 간다고 하여 가벼운 마음으로 따라나섰다.

아니나 다를까, 눈앞에 보이는 수많은 아파트 건물의 낯선 풍경은 나로 하여금 한숨만 나오게 했다. 이제 고향은 관념 속에서나 존재함을 확인하였다.

그나마 사람이 만들어내는 정겨운 추억의 장면이 있어서 내 마음은 조금 위안이 되었다. 지인 댁 식구들과의 점심 식사 자리에서다. 지인의 형님과 두 누님, 그리고 그분들의 자식과 손자들까지 모이니 커다란 음식상을 세 개나 펼쳐 놓아도 모자랄 정도로 북적거렸다. 지인은 환갑을 훨씬 넘긴 누님과 형님에게 '누나', '형'이라고 부르면서 살가운 혈육애血肉愛를 나누며 행복해하였다. 명절을 맞이해서 식구들이 모여 서로를 확인하고 웃는 그 자리는 그야말로 잔치였다. 형제자매 없이 외로이 살아온 나에게 그 잔치는 부러우면서도 오래된 가족사진처럼 따스하게 다가왔다.

내게도 한때 형이 있었다. 7년 정도 함께 살다가 헤어진 지는 40여 년이 훨씬 넘은 듯하다. 그리워하며 한번 만나보기를 고대하였으나 쉽지 않았다. 그런데, 앞서 얘기한 고향 지인이 다리를 놓아주어서 설 명절이 지난 얼마 뒤, 마치 남북 이산가족 상봉하듯 감격스러운 만남을 가졌다.

반갑게 만난 형의 얼굴에는 어느덧 주름이 잡혀 있었다. 하고 싶은 말과 듣고 싶은 말은 태산 같았으나 우린 벙어리가 되었다. 그 많은 말들을 그저 술잔에 담아서 주거니 받거니 할 뿐이었다. 잔을 기울이며 형은 겨우 어색하게 한 마디 던졌다.

"미안하다."

짧지만 강하게 내 가슴에 와닿는 이 말. 그러나 형에게서 애써 들을 말은 아니라고 생각했다. 어른들이 만나서 재혼하고 살다가 다시 이혼하는 그 틈바구니에 우리는 나약한 아이들로 있었을 뿐인 것을.

형과 인연을 맺은 날의 기억이 생생하다. 봄볕이 따스한 날, 시골이라는 곳에서는 흔히 볼 수 없는 고운 옷차림을 하고 새엄마는 우리 집에 왔다. 엄마의 손을 잡고 함께 온 형의 모습은 동화 속의 왕자 같았다. 내가 초등학교 입학하기 전이었으니 형 나이로는 열 살쯤이었을 게다. 반면에 땟국에 절은 까무잡잡한 얼굴에 허연 버짐이 핀 삐쩍 마른 아이, 나중에 새엄마가 얘기해 준 이 모습이 형이 본 나였다. 형과 나는 그렇게 만났다.

서울에서 온 형에게는 시골의 모든 게 신기했다. 개구리나 미꾸라지 잡으러 물가나 논두렁으로, 산토끼 잡으러 들과 산으로 신나게 뛰어다녔다. 내게는 시시한 일이었지만 그때마다 형을 위해 따라나서 주었다.

형이 학교에서 올 때쯤 동구 밖으로 마중 나가는 시간이 내겐 즐거운 일이 되었다. 급식용 빵을 가져와 안겨주곤 하기 때문이었다. 그렇게 친해져서 우리는 친형제 못지않은 사이가 되었다. 윗동네 사는 광철이처럼 내게도 형이 있다는 사실이 마냥 뿌듯했다.

한 식구가 되어 살아간 지 일 년쯤 지났을까. 느닷없이 이사를 가기로 했다. 형의 교육 때문이었다. 모든 것은 일사천리로 이루어져 드디어 삼륜차에 짐을 싣고 서울로 향하였다.

내 눈에 들어온 서울은 처음에는 낯설어서 적응이 잘 안 됐다. 그런 내게 형은 동네 이곳저곳을 데리고 다니며 다정하게 설명하고 안내해 주었다.

어느 때부턴가 새엄마는 나를 대하는 태도가 눈에 띄게 달라져 갔다. 먹고 입는 것, 말하고 행동하는 것 등 생활 전반에 걸쳐서 형과 나를 차별했다. 날이 갈수록 심해져서 나로서는 어느 자리에 서 있어야 하고 어떻게 말하고 행동해야 할지 혼란스럽고 두려웠다.

그런 와중에 위로가 된 사람이 형이었다. 밥상에서 엄마가 아들 가까이 놓아주던 생선 토막을 내게 슬쩍 밀어주던 형. 군것질할 용돈도 주고, 학용품도 나눠주고, 동네 친구들과의 놀이 활동에도 끼워주었던 형은 그렇게 나의 존재를 인정하고 언덕이 돼 주었다.

뼛속까지 시골 사람인 아버지는 도시에서 마땅하게 할 만한 일이 없어서 힘들어했다. 결국, 형편이 점점 기울어져 갔고, 이는 아버지와 어머니가 헤어지는 이유가 되었다.

결국, 어머니는 떠났다. 아니 형이 떠났다. 뜻밖의 엄청난 상황으로 내 가슴엔 잴 수 없는 큰 구멍이 생겼다. 그리고 그것을 메우는 데는 오랜 시간이 필요했다.

형과 나는 술을 제법 마셔서 거나해졌다. 참으로 얄궂은 일이다. 가까운 곳에 살면서도 오랫동안 서로 못 만났으니 말이다. 한 사람은 인천 소래에, 또 한 사람은 김포에 살고 있었다. 고작 차로 한 시간도 안 걸리는 곳에.

어머니는 이미 십여 년 전에 돌아가셨다고 했다. 촌 무지렁이로 살아갈 뻔한 나를 서울로 데리고 온 분. 고운 모습으로 형의 손을 잡고 시골로 오신 첫 장면이 봄 들녘 아지랑이처럼 뿌옇게 떠올랐다.

어쩌다가 나는 드넓은 우주의 수많은 별들 사이를 비집고 한 자리 잡는 행운을 누리게 되었다. 하지만 스스로 빛을 내는 힘을 잃고 스러져 갈 수밖에 없었는데, 어느 순간 혜성 하나가 내 곁을 스쳐 지나면서 자신의 빛 한 자락을 던져 주고 아스라이 멀어져 갔다. 그 여운으로 나는 옅은 생명을 회복하여 뭇별들 속에서 소박하게나마 별 행세를 할 수 있었다.

사랑도 모르고 정도 알지 못하던 내게 불현듯 다가와 '형'이라는 이름으로 잠시 곁에 머물러 줬던 사람….

돌이켜보면 모든 게 꿈만 같다.

잔치! 그래, 따뜻한 어느 날 형네 식구와 우리 식구가 한자리에 모여 나도 이것을 해보고 싶다. 피를 나누진 않았지만, 한때 형제로 살았다는 이유만으로도 충분하지 않을까.

낯선 단어

 나는 내 자식의 아버지이지만 내 아버지를 의미하는 그 '아버지'는 더 생각하고 싶지 않다. 내 아버지는 세상의 아버지와는 다른 아버지였기 때문이다. 엄마의 부재로 인한 갈증을 부성애로 채우려던 본능이 있었지만 기어이 채워지지 않았고 상처로만 남아버렸다.

 엄마 복이 없던 내게 아버지 복조차 없다는 것은 불행한 일이었다. 누구에게도 나눠줄 사람이 없건만 하나밖에 없는 자식에게 그 작은 정情도, 웃음도 철저하게 아꼈던 아버지. 세상의 아버지는 다 그러는 줄 알았다. 그런데 친구들의 아버지는 그렇지 않았다. 따스한 정과 자상함이 있었고 태산처럼 든든함도 있었다.

아버지는 세 번 재혼하여 나에게 세 명의 계모랑 살게 했다. 그중 두 번째 계모와 살 때 난 감당하기 힘든 고통을 겪었다. 계모는 나를 미워하며 끊임없이 학대했다. 매 맞을 때마다 아버지에게 구원의 눈빛을 보냈으나 소 닭 쳐다보듯 그저 담배만 피우며 남 일인 듯 외면하곤 했다. 오히려 계모와 함께 학대에 동참할 때도 있었다. 일 나갔다가 어둑해질 무렵 술에 취해서 돌아올 시간쯤이면 계모보다 더 무서운 괴물로 다가왔다. 계모와 싸우고 그 분노를 내게 향하여 폭력을 휘두르곤 했다. 나중에 계모는 견디지 못하고 어느 날 어디론가 사라졌다.

계모가 떠나간 뒤에 또 다른 계모가 들어왔다. 세 번째 엄마다. 얼마간 살다가 새엄마의 아들 교육을 위해 집과 논밭을 팔고 서울로 이사하게 됐다. 서울살이는 아버지에게 점차 폐인의 길을 걷게 했다. 시골에서는 할 일도 많고 벌이도 좋았지만, 서울에서는 아버지가 할 수 있는 일이란 없었다. 기껏해야 육체노동뿐이었다. 그에 따라 날로 폭음과 폭력은 심해져만 갔다. 그리고 이를 견디다 못해 세 번째 엄마도 아들과 함께 떠나버렸다.

아버지와 둘만 남게 된 뒤, 생존을 위해 나는 돈을 벌어야 했다. 초등학교 4학년이 감당하기엔 너무 힘겨운 나날이 시작되었다. 몸도 힘들었지만 무엇보다 외로움을 달래줄 따뜻한 정에 대한 목마름이 더 힘들게 했다. 그 정을 줄 사람은 이 세상에서 아버지밖에 없었다. 하지만, 아버지는 당신의 즐거움만을 찾아다니며 늘 술에 취하기 바쁠 뿐이었다. 아버지는 술 마시기 전과 후가 너무 달랐다. 안 마셨을 땐 전혀 말이 없이 차가움을 유지했다. 그 어떤 감정표현도 낼 줄 모르는 목석같은 사람이었다. 그러다 술을 마시면 몸을 가누지 못할 정도로 취하여 딴사람이 되었다. 그 조용하던 모습은 간 곳 없고, 초점 잃은 눈으로 횡설수설하며 소리치고 윽박지르는 주정뱅이가 되었다. 멀쩡할 때 쌓아뒀던 감정 더미를 한꺼번에 쏟아내어 나를 힘들게 했다. "차라리 네게 아버지가 없는 편이 더 나을 것 같구나." 아버지로 인한 힘든 제자의 삶을 지켜보던 중학교 1학년 때의 담임 선생님이 오죽했으면 이렇게까지 말씀하셨을까. 중학교 3학년 초, 사춘기였던 난 반항심이 생겼고, 이 지긋지긋한 환경에서 도망쳐야겠다는 생각까지 했다. 그러나 굳이 도망갈 필요가 없는 일이 생겨버렸다. 그해 가을에 아버지는 한 달 동안 암투병 끝에 세상을 떠나버렸기 때문이었다.

영안실에서 염을 끝내고 나와서는 왈칵 눈물이 났다. 갑작스러운 눈물에 나 자신도 순간 당황했다. 정말 애통하여 흘리는 눈물인지, 병간호를 위해 학교를 못 다닌 채 한 달 동안 있던 병원에서 해방되는 감회의 눈물인지, 아니면 함께 살아온 정으로 흘리는 눈물인지 나 자신도 알 수 없었다. 그쯤에서는 어떤 눈물이라도 흘리긴 해야 했다. 울음소리가 아주 컸으나 그리 길게 이어지지는 않았다. 만약 함께 살아오는 동안 아버지가 나한테 좀 더 살갑게 대해준 아주 작은 추억이라도 있었다면 난 더 길게 더 오래도록 서럽게 울었을 거다. 신문배달을 하고 지친 몸으로 집에 왔을 때, "아들, 많이 지쳐 보이네. 공부하랴, 돈 벌랴, 얼마나 힘드니. 내가 몸이 성치 못해 네게 고생을 많이 시키는구나." 이런 따뜻한 말이라도 해 준 적이 있었다면 난 아버지 돌아가신 날 뿐만이 아니라 장례식 끝날 때까지 지쳐 쓰러질 정도로 몸부림치며 울었을지 모른다.

장례식의 모든 일정은 아주 간단했다. 벽제 화장터에서 아버지를 화장하고 나온 게 전부다. 유골은 화장장 측에서 알아서 유택동산에 뿌리도록 하였다. 난 영정만 가지고 집으로 왔다. 한 사람의 인생이 이렇게 허무하게 끝나버린다는 게 이상하다는 생각이 들었다.

비로소 고아가 되었다는 현실이 서럽지만은 않았다. 깃털처럼 가벼워진 나를 느꼈기 때문이다. 이제는 술 마시고 들어와 행패 부리는 아버지 걱정을 안 해도 되었다. 모든 굴레에서 벗어났다. 진정한 자유인이 되었다.

이후, 학교 갔다 와서 방문 앞에 서면 가래 끓는 기침 소리가 들리는 환청, 술 취한 채 담배 연기 자욱함 속에서 노려보는 환영을 한동안은 감내해야 했다.

내가 뜻밖에도 아버지의 친자식이 아니었다는 사실을 알게 된 것은 아버지가 눈을 감기 불과 2년 전이다. 남북 이산가족 찾기가 한창일 때였다. '잃어버린 30년'이라는 노래에 눈물 흘리며 북에 두고 온 아버지 가족을 찾는데 온 정신을 쏟은 일이 내 것이 아니었음에 허탈했다. 무엇보다 비밀이 드러난 뒤에도 전혀 미동 않고 그때까지 하던 대로 나를 냉정하게 대한 아버지 태도에 진저리가 쳐졌다. 얼마 살지 못한다는 절박함 속에서도 마지막 가느다란 온정도 내비치지 않는 그 경직을 난 이해할 수 없었다. 두 해 동안만이라도 나를 친자식처럼 대해줬으면 난 그대로 친아들인 듯, 당신을 친아버지인 듯 여기고 살았을지 모르는데….

어디서 왔는지도 모르게 세상에 온 내 가슴에 매정하게 대한 몇 사람이 아프게 새겨져 있다. 엄마라는 이름으로, 그리고 아버지라는 그 낯선 단어로….

쉬잔 발라동을 생각하며

예전에 서양 미술사를 공부하면서 프리다 칼로, 힐데가르트, 카미유 클로델, 쉬잔 발라동 등, 몇 안 되는 여성 화가들이 눈에 띄었다. 잠시 관심을 가지다가 그러려니 하고 스쳐 지나갔다. 그러다가 서숙의 에세이집《내 마음에 그림 하나》를 읽는데 그 인물이 나와 반가웠다. 여성 화가로 로트렉을 사랑한 여인, 사티가 사랑한 여인, 바로 쉬잔 발라동이다.

쉬잔 발라동은 사생아로 태어나서 엄청난 굴곡의 삶을 살아낸 위대한 여성이다. 19세기 당시 남성 중심 사회에서 여성으로 살아간다는 것은 만만찮은 일이다. 그런 가운데 좌절하지 않고, 서커스 단원, 모델, 나이 많은 화가의 여인, 그밖에 수많은 상황을 이겨내고 끝내는 화가라는 자기의 꿈을 이루어 낸 여자가 쉬잔 발라동이다.

그녀가 낳은 아들도 사생아다. 자기처럼 사생아란 굴레를 씌워준 아픔은 엄마로서 뭐라 말할 수 없는 큰 고통이었을 것이다. 자신이 해 낸 것처럼 그 어두움을 이겨낼 수 있도록 북돋워 주고 보살펴 주어 아들 또한 훌륭한 화가가 되게끔 이끌어줬다는 점도 놀랍다.

남다른 인생길을 걸은 쉬잔 발라동과 그의 아들 삶 어느 한 자락에서 나 자신을 발견하여 더욱 친근한 느낌을 받았다.

쉬잔 발라동이 로트렉 화가의 모델 생활을 했을 때 로트렉에게 청혼을 했다는 얘기는 예사롭지 않은 일화다. 로트렉은 왜소증의 장애를 앓고 있던 사내였다. 누군들 그런 장애인을 끌어안아 줄 수 있겠는가. 하지만 쉬잔 발라동은 자신의 그림과 내면세계를 마음 깊이 헤아려주는 로트렉을 그의 외모와는 상관없이 좋아했다. 진정으로 로트렉을 위로하고 안아줄 수 있는 아름다운 마음을 갖고 있던 사람이었다. 로트렉의 거부로 결혼은 이루어지지 않았지만 따스한 여운을 남긴 이야기다.

쉬잔 발라동 얘기를 하다 보니 여성이 없었으면 이 세상은 얼마나 삭막하였을까를 생각해 보게 된다.

세상에서 벌어진 수많은 전쟁과 아픔, 그리고 슬픔 뒤에는 어김없이 거칠고 잔인한 남성들이 있었다. 지금 이 순간에도 많은 사람들을 전쟁의 두려움에 떨게 하는 이들은 오로지 남성들이다. 여성은 남성과는 달라서 이 좋은 별, 파란 빛깔을 내는 지구에서 양처럼 순한 마음으로 평화롭게 살아가려는 존재로 보인다. 이 세상을 아름답게 하는 생명은 참으로 많지만, 그 가운데 난 오로지 여성을 꼽는다. 꽃보다 여자, 여성이다. 여성은 커다란 땅으로 살아있는 모든 것을 끌어안고 보듬는 어머니의 품이고, 사랑의 눈길로 따스함을 주는 연인이고, 평화와 아름다움을 열어가려는 천사다. 이런 내 생각은 어려서부터 서서히 자라났고 지금은 또렷하게 굳어졌다. 자연을 한없이 사랑한 알프스 소녀 하이디, 어려움 가운데서 꽃처럼 피어난 캔디, 〈은하철도 999〉라는 만화영화에서 철이를 품어준 어머니 같은 메텔 등 만화 여주인공들은 내 어린 마음에 여성의 사랑스러움과 평화로움의 싹을 틔워줬다.

  어른이 되어서 맞이한 여성상은 좀 더 현실에 가까워지면서 남자들이 놓치거나 외면하기 쉬운 곳을 채워주는 사람임을 더 느끼게 하는 방향으로 나아간다. 숲을 가꾸며 자연과 호흡한 타샤의 정원 주인인 타샤 튜더, 굶주림으로 힘겹게 목숨을 이어가는 아프리카 아이들을 도와주고 따스하게 안아준 오드리 햅번, 제주도에서 대기근으로 굶어 죽어가는 사람들을 살리기 위해 자기의 모든 재산을 풀어낸 김만덕과 이밖에 내가 미처 알지 못하는 수많은 여성들이 사납고, 거칠고 어두운 이 세상에 빛을 주고 사랑을 주어 이만한 세상을 만들어간 여성들이다.

이 세상에 남자들이 저지른 수많은 전쟁만 없었다면 여성의 고귀하고 사랑스러움이 더 많은 꽃을 피워서 이 세상을 행복하게 살만한 곳으로 가꾸었으리라고 본다.

다시 돌아와 쉬잔 발라동을 생각한다. 그는 서양 역사에서 철저히 업신여김 받는 힘겨운 세상에 맞서 온몸으로 여성이 얼마나 위대한가를 보여줬다. 미국에서는 1919년까지 여성에게 투표권이 주어지지 않았고, 예술과 자유가 어느 나라보다 앞서갔다고 여기는 프랑스에서조차 1945년까지 여성 투표권이 인정되지 않았다. 그러면서도 여성의 권리는 아주 느리면서도 꾸준히 발전해서 오늘에 이르렀다. 싹이 트지 않으면 자라날 식물은 없다. 쉬잔 발라동은 그 싹을 틔운 것이다. 여성의 권리를 발전시키는데 쉬잔 발라동 같은 여성들이 싹 역할을 한 덕분에 지금의 남녀평등이라는 숲까지 이렇게 가꾸어낼 수 있게 된 것이다.

여성으로서, 엄마로서, 연인으로서, 화가로서 멈추지 않고 힘차게 걸어가 역사에 이름을 아로새긴 쉬잔 발라동, 그에게 아낌없는 박수를 보낸다.

오랜만의 나들이

예약한 숙소로 갔다. 눈이 휘둥그레진다. 프런트로 가는 중에 수영장도 보이고 고급 레스토랑도 보인다. 이런 고급호텔에서 우리가 하룻밤을 머물게 되다니 꿈만 같다. 인터넷 예약을 한 것인데, 운이 좋아 이런 숙소를 배정받았다고 생각했다. 그것도 저렴한 비용으로 말이다. 프런트 직원에게 우리 예약 상황을 얘기했다. 그런데 직원은 뜻밖의 말을 한다. 이 건물을 나가서 왼쪽으로 가면 별채가 있는데 그곳이 우리가 예약한 숙소란다. 난 실망했고 아내도 맥이 빠진 모습이다. 안내받은 숙소로 가보니 빈약한 프런트가 우리를 맞이했고 초라한 방 열쇠를 건네받았다. 카드가 아닌 금속 열쇠다. 3층으로 올라가 문을 열고 들어서자, 아내는 깜짝 놀라며 웃음을 참지 못한다. 작은 평수의 방 안에 침대

하나가 덩그러니 놓여있다. 아내는 "24년 전 신혼여행 갔을 때 그 숙소랑 어쩌면 이렇게 똑같냐."며 어이없어했다.

　내 눈에 빛바랜 영상 한 장면이 들어온다. 아내가 좁은 화장실에 들어가 울고 있다. 신혼여행은 한 여자가 평생 간직할 만한 추억이다. 그러나 우리의 신혼여행은 그렇지 못했다. 가난한 형편을 이해해 주겠거니, 하고 생각하며 마련한 여행은 이십 대 초반의 꿈 많은 여자에게는 이만저만 실망스럽지 않았을 것이다. 첫날밤을 보낼 숙소는 바다도 안 보이고 황금색 샹들리에와 연분홍 커튼도 없었다. 근사하게 와인 한 잔 나눌 유리 탁자 대신 낡은 탁자와 침대가 덩그렇게 놓여 있을 뿐이었다.

　지금도 아내는 실망스러운 그때의 일을 잊지 못하고 있음이 분명했다. 아내가 웃으며 무슨 말인가를 하려다가 참는다. 좁은 공간 여기저기를 살피다가, "작지만 아담하고 깨끗하긴 하네. 당신은 그때나 지금이나 일관성이 있어." 하고 웃으며 말한다. 난 아무 말도 못 하고 쓴웃음만 짓는다. 무슨 말을 하겠는가. 모처럼 호기를 부리고 나온 여행인데…. 내 탓이라곤 할 수 없지만 이런 상황이 쑥스럽고 미안하다.

　맨 처음 들른 무릉계곡에서의 일이다. 거대한 '무릉반석'에는 몇 명인지는 알 수 없으나 '나 여기 머물다가 간 사람이요'라고 하듯 빼곡하게 사람들의 이름이 새겨져 있었다. 반석의 가장자리로 흐르는 물을 바라보며 아내와 나도 그 시절의 풍류에 젖어 잠시 넋을 잃었다.

 무릉반석에서 잠시 머물다가 아내는 위쪽으로 더 올라가고 싶어 했다. 하지만 산속은 해가 빨리 저물기 때문에 계곡 깊은 곳까지 가는 것은 무리였다. 할 수 없이 몇 걸음 가다가 근처 물가에 멈춰 서고 말았다. 물살을 손으로 헤쳐 보았다. 섬찟 냉기가 느껴졌다. 맥주를 꺼내 마시면서 주변 경관을 감상하였다. 사진도 찍었다. 좀 떨어진 곳에서는 중년 내외가 물놀이를 하고 있었다. 우리와 같은 사연인지는 모르지만, 아이들처럼 놀고 있는 모습이 보기 좋았다.

 여행 가기 전, 아내는 왜 둘만 여행 갈 생각을 했냐고 물었다. 아내가 전부터 가자고 했지만 난 한 번도 둘만의 여행 계획을 세워본 적이 없었다. 아이들과 함께 가거나 친척들과 가기는 했으나 단둘이 간 일은 없었다. 여행을 좋아하는 아내에게 내가 너무 무심하였다. 그런 의미에서 이번 여행은 둘의 관계를 위해 긍정적인 여행이 될 게 분명했다.

 남남으로 만나 혼인하여 산다는 것이 쉬운 일은 아니다. 더군다나 서로 이해하고 맞춰 산다는 것은 더 어려운 일이다. 신혼여행 뒤 펼쳐진 가정생활을 돌아보면 위기의 순간이 참 많았다. 술 마시고 늦게 들어가면 두 어린아이를 재우고 지쳐 쓰러져 자는 아내의 모습이 지금도 눈에 선하다. 한 여자를 데려다가 고생만 시킨 것에 대한 자책은 때늦은 후회다. 그때엔 왜 잘해주지 못했나 하는 생각이 들 뿐이다. 얼마나 나이를 더 먹어야 철이 드는지 알 수 없다. 가꾸지 않으면 웃자라거나 볼품없는 곁가지를 지닌 야생의 나무와는 달리, 부부는 정성으로 손질되어 바라볼수록 정이 가는 분재와도 같은 것은 아닐까 싶다.

 돌아가는 길, 차창으로 스치는 아쉬움은 왜 이리 큰지 운전석의 아내 모습을 바라보았다. 아내의 얼굴에 발그레한 웃음이 돈다. 앞으로 둘만의 여행을 자주 해야겠다.

 라디오에서 '광화문 연가'가 흘러나온다.

158 내 인생

158, 버스 번호가 아니다. 내 키 치수다. 한때 159cm 인적도 있었는데 지금은 줄어들어서 소수점 제하고 158cm이다. 이 키에서 5cm 정도만 더 컸으면 얼마나 좋을까 하고 생각한 때도 있었다. 그 작지 않은 소원을 그런 키를 갖고 있는 아내를 만나서 반쯤은 해결되었다.

삼십여 년 전, 결혼식 날을 생각하면 지금도 얼굴이 화끈거린다. 식장에서 아내는 맨발로 입장했다. 나와 어떻게 해서든지 키 차이를 줄여보겠다는 눈물겨운 생각에서다. 그 당시 키높이 구두라도 있었으면 아내의 발바닥을 차갑게 만들지는 않았을 것을, 그저 안타까울 뿐이다.

결혼 전 연예할 때까지만 해도 아내는 내 키가 그렇게 작은 줄 몰랐다고 한다. 눈에 콩깍지가 씌었던 게다. 어쨌든, 아내가 나를 받아주지 않았다면 난 아직도 총각일지 모른다는 생각에 조금은 아찔한 생각도 든다. 난 우긴다. 원래 유전적으로는 작은 키가 아니라 어릴 때 잘 못 먹고 자라서 그런 거라고. 그 증거로 아들 키가 180cm에 이르는 것을 내세운다. 어? 이러면 또 누군가는 아내의 유전자 영향 때문이라고 할지도 모르겠다. 그러면 뭐 어쩔 수 없고.

작은 키는 내 삶의 전반적인 곳에서 적잖은 콤플렉스로 작용했다. 초등교사를 꿈꾸며 교육대학에 들어갈 때였다. 지금이야 신체 치수를 안 보는지 모르지만 내가 입학할 때만 해도 키 제한이 있었다. 여자 150cm, 남자 155cm 이상이 돼야 한다고 입시 요강에 나와 있었다. 난 겨우 신체 커트라인을 넘겨서 입학하여 평생직인 교사의 길을 갈 수 있었다. 애초에 가려던 공군사관학교는 작은 키 때문에 포기해야 했던 일을 떠올려보면, 인생을 살아가는 데 신체 치수는 또 다른 장애의 하나가 아닌가 하는 생각을 갖게 하여 서글펐다.

아이러니하게도 내가 한때는 키가 커서 고민한 적도 있었다. 초등학교 입학할 때 그랬다. 남들보다 나이가 많은 관계로 다른 아이들보다 머리 하나는 더 컸더랬다. 학부모들의 눈총을 받는 일이 부담되어 일부러 무릎을 구부려서 키를 줄이려고 애썼던 기억이 난다. 같은 반 어떤 여자애는 나보고 오빠라고 부르기까지 했다. 그 당시 내가 그 애를 좋아했는데 나보고 친구가 아닌 오빠라고 하여 얼마나 속상했는지 모른다. 그래서 키 큰 것을 원망한 적도 있었으니 지금 생각해 보면 얼마나 웃기는 일인가.

키 작은 사람을 비아냥하는 말 중 최악은 '난쟁이 똥자루'라는 표현이다. 이 말을 다른 사람도 아닌 장모님한테서 들었으니 얼마나 충격을 받았겠는가. 물론 웃자고 한 얘기겠지만 아무리 그래도 백년손님인 사위한테 할 말은 아니지 않은가 싶어 적잖은 상처로 남았다.

그런가 하면 용기를 주는 말도 있다. '키는 턱이 땅에 닿지 않을 정도면 충분하다'는 말이다. 위로를 주는 말로는 너무 극단적이어서 그렇게 크게 와닿지는 않는다. 차라리 '외모보단 마음이 중요하다'는 말이 더 현실적으로 들린다.

소설 《은교》에서 이적요 교수의 명언이 있다. "너의 젊음이 네 노력으로 얻은 상이 아니듯이, 내 늙음도 내 잘못으로 받은 벌이 아니다." 이 말을 내 신체와 연결하여 응용하면, "너희 큰 키는 너희들의 노력으로 얻은 상이 아니듯이, 나의 이 작은 키도 내 잘못으로 받은 벌이 아니다."로 변명해 본다. 두 표현의 다른 점은 후천적인 점과 선천적인 점이다. 만약에 벌이라고 한다면 선천적으로 작은 키를 갖고 태어났다는 사실이 더 가혹하다고 할 수 있다. 난 그런 가혹함을 벌로 생각하지 않았지만 걸어온 과정 내내 마치 벌을 받는 것처럼 힘들고 괴로웠다.

그러다가 선천적으로 팔다리 없는 인생을 훌륭하게 살아가는 일본인 오토다케 히로타다의 삶을 다룬 책《오체 불만족》을 읽고 크게 감동을 받았다. 그는 수영과 농구 등 각종 스포츠는 물론이고 그 이상의 다양한 내용의 삶을 즐기면서 평범한 사람들과 다름없는 일상생활을 한다. 교사로, 교육위원으로 누구보다도 훌륭한 삶을 살아가고 있다.

오스트레일리아의 닉 부이치치의 강연을 유튜브로 보고도 깨달은 바가 크다. 그도 역시 사지가 없는 최악의 장애를 지녔지만 멀쩡한 신체를 가진 사람들의 삶에 긍정과 용기의 향기를 불어넣어 주는 멋진 동기부여 연설가로 활동하고 있다.

이들을 생각할 때 나는 터무니없이 훌륭한 몸을 지니고 있다. 크고 작다는 내용을 어찌 있고 없는 상황과 견줄 수 있겠는가. 키가 작다는 이유로 괴로워하던 시절이 있었다는 사실에 한심함과 부끄러운 마음이 든다.

겉으로 드러나지 않는 내 마음속에는 남모르는 아름다운 꽃이 피어 있고, 그 꽃은 심지어 좋은 향까지 품고 있다. 158 내 인생을 사랑하는 꽃이다.

체벌의 기억

영어 선생이 단어를 모르는 학생 여러 명을 불러내어 몽둥이로 엉덩이를 무지막지하게 때린다. 1980년대 시골 어느 농업고등학교에서 벌어지는 일을 그린 '소년시대' 드라마의 한 장면이다. 영화 〈친구〉에서는 몽둥이가 아니라 선생이 손바닥으로 학생의 따귀를 마구 때리는 장면이 나온다. 나도 고등학생 때 복장불량이라는 이유로 교련 선생한테 따귀를 맞은 기억이 난다. 그때 받은 마음의 상처는 뭐라 말할 수 없을 만큼 컸다. 그렇게 학교 선생의 폭력은 일상화되어 있어서 그 당시엔 누구나 그런가 보다 하고 크게 문제 삼지 않았다. 오히려 어떤 부모들은 제 자식을 더 때려달라고까지 할 정도였으니 말해 무엇하겠는가. 요즘 같으면 상상할 수 없는 학교 풍경이다.

난 선생이 되면 절대로 체벌하지 않겠다고 결심하며 1991년 3월에 교사 발령을 받았다. 그땐 '초등학교'가 아닌 '국민학교' 시절이다. 발령 이듬해 6학년 담임을 맡았고 결심한 대로 일절 매를 들지 않았다. 적어도 한 학기까지는. 그러다가 2학기 어느 날 결심을 바꿔야 하는 일이 생겼다.

장난꾸러기 남자애들 네 명이 학교 건물 4층 옥상에 올라가서 위험한 놀이를 한다는 제보를 받고 부리나케 올라갔다. 남학생 한 명이 옥상 가장자리 턱에 올라서서 양팔을 벌린 채 외줄 타는 듯한 놀이를 하고 있었다. 나머지 애들은 잘한다고 손뼉 치며 응원을 한다. 잘못 삐끗하면 4층 아래로…, 생각하면 끔찍하다. 그 애들을 교실로 데리고 와서 몽둥이로 얼마나 때렸는지 모른다. 그저 오냐오냐 했더니 이런 일이 벌어지는구나 싶어 그때부터 매를 대기 시작했다.

이듬해엔 그 당시 유행하는 '자해自害 놀이'와 '시체놀이' 등을 하였다는 이유로 여자애들을 책상 위에 올라가 무릎을 꿇게 한 뒤 무릎 위를 회초리로 얼마나 매섭게 때렸는지 모른다. 허벅지에 매 자국이 심하게 났을 거다. 그 아이들은 물론 부모님까지 마음의 상처가 얼마나 컸을까.

더 안 좋은 것은 습관성 체벌이다. 체벌 없이도 얼마든지 아이들 지도가 잘 이루어질 수 있는 상황에서도 굳이 매를 들었고 벌을 세우곤 했다. 체벌의 필요성과 정당성을 정립한 난 그렇게 소위 '폭력 교사'의 대열에 합류하여 십여 년 동안 교직 생활을 했다.

그 뒤, 학생 인권이 강조되고 체벌 금지가 법제화되면서부터 체벌 없는 시대의 교사로 재직하고 있다. 체벌이 금지된 학교 문화는 크게 달라졌다. 학생과 학부모의 선생 대하는 자세가 달라진 것은 물론, 이에 따른 교사의 권위도 상당히 내려갔다. 회초리를 들지 않은 선생을 아이들은 더 이상 존경하거나 무서워하지 않는다. 학부모들도 더 이상 자녀의 담임선생을 어려워하지 않는 듯하다. 되려 꼬투리를 잡고 공격하는 이도 있다. 교사들은 어떤가. 체벌 없이 아이들을 지도하기 위해 고도의 인내심을 발휘하는 수행자 같은 생활을 감수하고 있다.

체벌의 시절을 겪었던 부모들은 자신이 학생 시절에 겪은 체벌의 안 좋은 기억을 갖고 있을 것이다. 그리하여 자신을 때렸던 선생에 대한 증오가 남아 있어서, 자식만큼은 선생의 부당한 대우를 절대로 받지 않게 하겠다는 심리가 있는지 모른다. 학생 때 자신을 심하게 체벌한 선생을 어른이 되어 찾아가 복수한 이야기도 있지 않은가. 이 정도까지는 아니더라도 자식을 가르치는 선생에 대한 최소한의 예의까지 저버리는 일이 교직 현장에서 흔하게 벌어지고 있다. 교육계의 큰 문제로 나타나는 교권 침해가 오늘날 심각한 지경에 이르게 된 이유다.

이런 학교 문화의 변화는 결국 체벌의 유무와 적잖은 관계가 있지 않나 생각된다. 체벌이 있었을 때는 교권 침해보다는 학생 인권이 걱정스러웠고, 체벌이 없는 요즘은 교권 추락으로 인하여 정상적인 교육 활동이 어려워지고 있어서 염려된다. 두 가지 다 정상으로 돌아올 수 있는 길을 찾아서 사랑과 행복이 넘치는 교육 현장이 되었으면 한다.

내게 엉덩이가 불나도록 맞았던 남자아이들과 무릎을 꿇려 맞은 여학생들은 지금쯤 아빠나 엄마가 되어 있겠지. 그들은 또한 학부모가 되어 있기도 하겠지. 그렇게 어른이 된 그들이 학생 시절을 떠올리며 나를 얼마나 원망하고 있을까.

돌이켜보면, 체벌을 교육의 한 수단으로 여겼던 관행은 큰 잘못이다. 그 안에서 무분별한 체벌로 인해 학생들에게 학교를 어두운 곳으로 기억 되게 한 나 자신에게 속죄의 매를 댄다.

영광 이발소 아저씨

내가 열 살 때쯤인가, 서울에 처음 이사 와서 머리 깎으러 간 첫 이발소 이름이 '영광이발소'다. 시골에서 경험해 보지 않은 이발소라는 장소가 처음엔 어색하고 신기했다.

엄청나게 커다란 거울, 야릇한 냄새와 사각거리는 가위 소리, 늘어지는 라디오 음악 소리, 거기에 소위 '이발소 그림'이라고 하는 몇 점의 그림이 멋진 액자에 넣어져 한쪽 벽에 걸려 있는 모습이다. 머리를 깎으며 거울을 통해 그림을 보면서 난 편안한 느낌을 받았던 것 같다. 호랑이가 야트막한 산의 소나무 옆에서 붉은 노을을 바라보며 포효하는 그림이 하나 있고, 그 옆에는 평화로운 마을 풍경 그림이 있었다. 그 마을 풍경 그림이 나를 포근하게 감싸주는 듯했다. 분홍 복사꽃 만발한 산을 배경으로 한 자그마한 초가, 그 집 옆에 물레방아에서 폭포처럼 쏟아지는 물은 개천으로 흐르고 그 물 위에는 하얀 오리 몇 마리가 유유히 헤엄치고 있었다. 이 두 작품의 그림은 어린 내게 이발소라는 장소를 추억 어린 따스한 이미지로 느끼게 했다.

  하지만 다른 몇 가지가 내게 무서운 느낌을 줬다. 어린애들이 걸터앉는 의자 위의 빨래판 같은 판때기와 아저씨 손에 쥐어진 머리 깎는 기계(바리깡)와 은색 가위가 그랬다. 빨래판 위에 앉으면 높이에서 느껴지는 공포감에 현기증이 나곤 했다. 바리깡과 가위의 날카로운 금속성 소리는 내 머리와 귀에 언제든 생채기를 낼 것 같아 조마조마했다.

  내 머리는 오랫동안 감지 않아서 이가 득실했고, 이가 까놓은 서캐가 검은 머리를 허옇게 만들어 놓아서 아저씨는 머리 깎는 일 이외에 다른 것에도 신경을 써야 했다. 그런 상황이 다른 모든 것을 이겨낼 만큼 창피하여 내 신경을 곤두서게 했다.

  이발소 아저씨는 머리를 깎아주면서 한번은 내게 아는 체를 했다. 언젠가 내가 살던 시골집에 들러서 나를 안아준 적이 있었는데 기억이 안 나냐고 하는 것이다. 옆에 계시던 아버지는 너무 어렸을 때라서 모를 거라고 하셨다. 하지만 난 어렴풋이 오래 전의 작은 쪼가리 같은 기억 하나가 떠올랐다. 살아오면서 좀처럼 경험하기 힘든 따스한 그 기억이.

등잔 불빛이 어둠을 희미하게 밝히는 방 안에 낯선 아저씨 한 분이 아버지 친구라고 하면서 들어오셨다. 아저씨는 방 한구석에 앉아있던 나를 끌어다가 무릎에 앉히고는 꼬옥 껴안아 주셨다. 그리고는 귀엽다며 머리와 볼을 쓰다듬어 주셨는데 그 손이 따뜻하였다. 낯선 사람이 느닷없이 그러는 바람에 처음엔 당황스러웠지만, 해를 끼치는 사람이 아니고 진정으로 나를 예뻐하는 것 같아서 이내 마음이 놓였다. 그때까지만 해도 나를 그렇게 대해준 사람이 없었기에 오랫동안 기억에 남아 있었다.

  그 따뜻한 기억 속의 아저씨가 바로 이 영광 이발소 아저씨였구나, 생각하니 머리 깎으면서 느꼈던 창피함이나 두려움이 사라지는 듯했다. 그리고 아저씨가 매만지는 그 손길이 따뜻하게 느껴졌다.

  '이 아저씨였어. 오래전에 나를 귀여워해 줬던 분. 처음으로 나를 마치 자신의 자식처럼 예뻐해 주셨던 분이었어.'

  머리를 다 깎고 이발소를 나서는데, 기분이 아주 좋았다. 뒤돌아보니 어지럽게 돌아가는 울긋불긋 줄무늬 이발소 표시등이 정겹게 눈에 들어왔다.

  그 뒤 나는 몇 번 더 이발소에 갔지만, 아저씨 대신 다른 분이 머리를 깎아주었고 그분은 더 이상 볼 수 없었다. 궁금하여 어느 날 아버지한테 물어보니 돌아가셨다고 했다. 좋은 분이 왜 그렇게 빨리 돌아가셨나 싶어 난 몹시 가슴이 아팠다.

그 뒤 이사를 하면서 다른 이발소를 다니기도 했는데, 그때마다 거기에도 비슷한 이발소 그림이 걸려 있곤 했다. 물레방아 돌아가는 초가 풍경과 호랑이 그림을 볼 때면 영광 이발소가 생각나곤 한다.

포근함이 있었고, 창피함도 느꼈고, 현기증 나는 무서움도 있던 장소였지만, 그 아저씨의 웃는 모습이 떠올라서 영광 이발소는 내게 평화로운 곳으로 기억되고 있다.

탁란

 탁란托卵은 어떤 새가 다른 종류 새의 집에 알을 낳아 대신 품어 기르도록 하는 일이다. 이런 새를 탁란조托卵鳥라고 하고 두견이, 뻐꾸기, 매사촌, 개개비들이 있다. 이 가운데 뻐꾸기의 탁란하는 모습을 유튜브 영상으로 봤다. 영상을 보고 어렸을 때 동요에도 나오며 살갑게 느껴지던 이 새를 다시 보게 되었다. 자기만 알고 잔인한 습성을 지닌 까닭 때문이다.
 뻐꾸기는 붉은머리오목눈이 새의 둥지에 알을 낳는다. 여기까지는 뻐꾸기가 그저 얄밉다는 생각만 할 뿐이다. 다른 새들처럼 정성껏 둥지를 트는 수고로움을 하지 않고 편안하게 남이 지어놓은 곳에 무단침입하여 제 알을 슬쩍 낳다니 도둑심보구나 싶었다. 그런데 내 마음을 언짢게 하는 일은 그다음부터다.

오목눈이는 뻐꾸기 알이 자기가 낳은 알보다 더 크지만 색으로 분별하는 터라 제 알인 것처럼 품어서 부화시킨다. 오목눈이 알보다 더 빨리 알을 깨고 나온 뻐꾸기 새끼는 제 옆에 있는 알을 온몸으로 밀어 둥지 밖으로 떨어뜨리는 짓을 한다. 저처럼 부화한 오목눈이 새끼들도 어미가 없는 틈에 필사적으로 밀어서 내쫓아버리는 짓을 계속한다. 이 얼마나 잔인한 본능인가. 오목눈이 새는 제 새끼가 모두 천길 낭떠러지로 떨어져 죽은 줄도 모르고 남의 새끼를 제 새끼인 양 정성껏 먹이를 물어다 바친다. 홀로 자리를 독차지한 이놈은 계모가 물어다 주는 음식을 뻔뻔스럽게 받아먹으며 무럭무럭 자란다.

영상을 보면서 화가 치밀어 올랐다. 제 새끼를 건사하지 못한 오목눈이 새에게 화가 났고, 은혜도 모르고 잔인하게 의붓 형제들을 죽음의 길로 보내버린 뻐꾸기 새끼의 잔인한 습성에 치가 떨렸다.

우리 인간 사회에서도 이런 일들은 일어난다. 뻐꾸기의 본능과는 조금은 다른 구석이 있을지 모르지만 비슷한 일들이 없지 않다.

삼국지에 나오는 이야기 한 장면이 생각난다. 전쟁 중 배고프고 어려운 처지에 몰리며 쫓기던 조조 일행을 어느 마음씨 좋은 농부가 챙겨주었다. 저녁에 닭을 잡아 대접하려고 숫돌에 칼을 갈며 어떻게 죽일까 대화를 나누었던 모양이다. 죽이려는 게 가

축인 것을 모르고 숫돌에 칼을 벼리는 행동을 자기들을 죽이려고 모의하는 것으로 오해를 한 조조 일행은 그 농부 가족을 잔인하게 죽이고 말았다. 거둬들여 보살펴준 은혜를 갚지는 못할망정 앞뒤 안 가리고 잔인한 짓을 한 조조를 난 삼국지를 읽는 내내 싫어할 수밖에 없었다. 이래서 '머리 검은 짐승은 거둬들이는 게 아니다.'라는 말까지 나왔을까. 뻐꾸기 새끼의 잔인함을 보는 듯했다.

뻐꾸기 새끼의 잔인함만을 얘기하다 보니 한 생명의 어쩔 수 없는 본능을 함부로 깎아내린 듯한 미안한 마음도 든다. 탁란은 성공할 확률이 고작 20퍼센트도 안 된다고 한다. 남의 둥지에 낳은 알을 둥지 주인 새가 눈치채고 부리로 쪼아 없애는 일도 많기 때문이다. 그런 위험을 무릅쓰고 살기 위해 몸부림치는 뻐꾸기 새끼에게 어찌 나쁘다고만 할 수 있겠는가 하는 안쓰러움도 있다. 이는 내 처지와 닮은 대목도 있어서 더 그런 느낌이 드는지 모르겠다.

태어나 보니 난 낯선 어느 가정에 탁란 되어 있었다. 내가 눈을 뜨고 꼼지락거리며 가느다란 숨을 내쉴 때조차 나를 에워싼 사람들은 거의 죽은 것으로 여겼다. 설사 산다고 해도 사람 구실을 못 할 것이라고 했다. 하지만 두고 온 자식을 미칠 듯이 그리워하던 분이 이 핏덩이를 자식인양 생각하고 온 맘을 다하여 끌어안아 준 덕분에 난 살아날 수 있었다. 나를 낳아준 여인이 탁란하며 어떻게든 살아나기를 바라는 마음은 있었을까. 그리고 그 마음이 탁란을 받아들인 분에게 참으로 빙의되었던 것일까. 여인의 탁란은 실패할 가능성이 높았지만 운 좋게 성공을 하였다. 그런 운을 받고 살아난 난 기적의 소산일 수밖에 없다.

나를 살려낸 분은 그 뒤 얼마 안 있다가 떠났다. 뻐꾸기 새끼처럼 둥지에서 내가 밀쳐낸 것이 아니다. 사람들의 삶은 새들과는 달라 복잡하다. 그 복잡한 사연들이 빚어낸 일일뿐 결코 내가 한 일은 아니다.

그 뒤 난 두 사람의 새로운 엄마를 맞이했고 그들은 자기 자식이 아니라는 이유로 나를 몸으로 마음으로 학대했다. 그 가운데서 생명이 다 할 수도 있었는데 모진 목숨줄을 이을 수 있었던 것은 순전히 내 힘으로 해냈다. 난 죽지 않기 위해 남의 집 아궁 속에도 들어갔었고 볏단 속에도 들어갔었다. 조금만 의지를 놓았어도 난 아마 이 세상에 없었을 것이다.

기어코 살아내서 지금 이 글을 쓴다. 사람의 탁란이라는 이 글을….

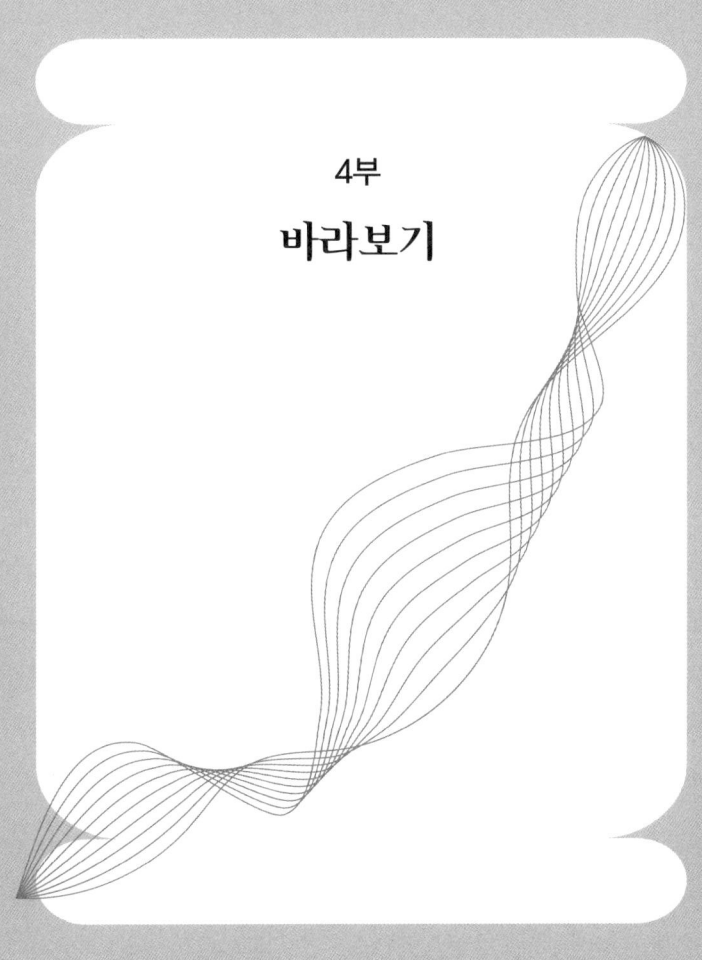

4부

바라보기

소소한가

얼마 전에 마음 맞는 사람 여럿이 단양의 남한강 줄기가 내려다보이는 곳에 자리한 K선배네 집에 놀러갔다. 서울을 벗어나 한적하고 공기 맑은 곳에 살겠다는 계획을 갖고 9년 전부터 준비한 선배는 직접 설계한 집을 마련하는 꿈을 이번에 실현하였다. 그 기쁨을 함께 나누기 위해서 친한 몇 사람들을 초대한 것이다. 우리 나이쯤 되면 누구든지 꿈꾸는 일이 공기 좋고 경치 수려한 산자락에 그림 같은 집 한 채 짓고 사는 일이다. 그런 일을 선배는 해내었다. 부러웠다.

작은 산 중턱에 들어앉은 집이 그림 같다. 거실과 바깥을 하나로 연결한 듯이 커다란 통유리로 경계를 지어놓아서 마치 지오그래픽의 자연 다큐멘터리 화면을 보는 듯하다. 그 동네에서 몇 손가락 안에 들만큼 높은 곳에 있어서 마을 풍경을 아래로 두고 볼 수 있어 시원한 느낌이 든다. 거실에서 다락방으로 이어지는 나무계단을 머리 숙여 올라가니 두세 평 남짓한 오붓한 공간이 나온다. 팔 베고 누워서 낮은 천정과 대화하며 쉬기 좋은 곳이다. 바로 옆에 있는 쪽문을 열고 나가니 앙증맞은 벤치 하나 놓여 있는 작은 옥상이다. 선선한 가을에 해지기 전까지 책과 얘기 나누다가 하늘빛이 붉어져갈 무렵 따뜻한 커피 한 잔 마시며 달과 별을 기다리기에 좋은 곳이다.

　바깥으로 나와 집을 둘러보다가 처마 아래 한쪽 벽면에 작은 철판이 붙어있는 게 눈에 띄었다. 가까이 다가가 보니 글자가 새겨져 있었다. '소소한가昭昭閑家'라고 새겨진 머리글이 눈에 들어왔다. 집 가家 자를 쓴 것을 보니 이 집의 이름인 듯했다. 그런데 이상한 것은 그 아래에 여러 사람 이름이 자잘하게 적혀 있었다. 무슨 이름들을 여기에 왜 새겨 놓았는지 궁금했다. 여기 오는 길에 들렀던 구인사라는 절에서 본 돌탑이 생각났다. 거기에는 건축 봉헌을 한 사람들 이름이 빼곡하게 새겨져 있었다. 그것처럼 혹시나 이 집을 짓는데 경제적인 도움을 준 사람들의 이름인가 했다. 자그마치 서른일곱 명이나 되었다. 궁금하여 선배에게 물으니 집을 짓는데 힘쓴 일꾼들의 이름이라고 했다. 집을 설계한 사람, 터를 파내고 다진 포클레인 운전기사, 시멘트를 바른 사람, 도배질 한 사람 등, 비록 커다란 공사는 아니지만 여러 사람들과 함께 만든 집이기에 그 고마움을 표현하고 싶어 한 사람 한 사람 이름을 알아내어 새겨놓은 것이었다. '이런 생각도 할 수 있구나….' 이 같은 작은 정성 하나가 집의 가치를 묵직하게 올려주는 건 아닐까 생각했다.

소소한가昭昭閑家라는 집 이름도 재미있다. 사전적인 의미를 굳이 따질 필요도 없이 그저 그런, 평범한, 작고 대수롭지 않은, 뭐 그런 소박함이 느껴지는 말이다. 영어의 SO SO와 비슷한 어감을 생각했다는 선배는 사람 좋게 그저 벙긋이 웃는다. 수고한 사람들에게 고마워하는 마음을 나타낸 선배를 보니 변함없는 인품을 따뜻하게 다가온다.

선배를 만난 건 내가 대학 1학년 때 자원봉사활동 동아리에서다. 벌써 30년 가까운 인연을 이어가고 있는 중이다. 머리숱은 많이 성글지만 선후배를 따뜻하게 살펴주고 배려하는 모습은 그때나 지금이나 변함없다. 서울시 산림청 공무원으로 지금까지 근무하면서 산과 숲을 늘 가까이하였다. 자연과 사람이 함께 살아가는 일이 얼마나 아름다운가를 잘 알기에 이런 곳에 집을 지었으리라.

집 둘레에는 9년 전부터 심어놓은 갖가지 종류의 나무가 사람으로 치면 초등학교에 막 입학한 아이들처럼 와글와글하다. 그런데 나무들은 하나같이 칡넝쿨을 뒤집어쓰고 있어서 보기에 안 되었다. 주말에만 내려와서 집 안팎 손질을 하니 나무에 엉겨 붙은 넝쿨을 떼어낼 시간이 어디 있겠는가. 칡은 저마다 나무가 좋아서 껴안고 감아 올라가는지는 모르겠으나 나무들은 힘들어 보였다. 온 김에 봉사 좀 한답시고 전정가위로 나무의 숨통을 틔어주는 일을 했다. 뿐만 아니라 여기저기 난잡하게 자란 잡초도 솎아주는데 워낙 많아서 끝이 없었다.

시골에서 살며 텃밭이라도 가꿔본 사람이면 잡초와의 전쟁이 실감 날 것이다. 나도 교사 발령을 받던 초기에는 시골 사택에 살며 조그마한 텃밭을 일구면서 잡초 때문에 진저리친 일이 있다. 심어놓은 상추나 고추 사이에 잡초는 마치 자기 세상인 양 자리 잡고 무성하게 자랐다. 뽑고 또 뽑아도 며칠 지나면 제 처자식까지 모두 데려와서 버젓이 일가를 이루어 환장할 노릇이었다. 몇 번을 되풀이하여 잡초와 전쟁을 해 봐도 도저히 이길 수 없었던 기억이 난다.

나의 이런 생각과는 달리 K선배는 칡넝쿨이나 잡초를 대하는 자세가 조금은 다르다. 싸움하듯 칡넝쿨과 잡초와 싸우는 나를 보고 선배는 너무 옹골차게 다 없애려고 하지 않아도 된다고 한다. 그 터의 주인은 오래전부터 이미 자리 잡고 있었던 그것들이지 이제 갓 들어온 우리가 아니라는 거다. 듣고 보니 맞는 말이다. 지금은 주변의 식물과 어색하게 만나고 있지만 선배는 머지않아 저들과 조화를 이루어 잘 살 것이다.

집도 사람처럼 표정이나 성격이 있지는 않을까. 어렸을 때 어렴풋한 기억이 떠오른다. 대부분이 초가인데 잘 사는 몇 집은 기와를 얹은 집으로 규모의 차이만 있지 형태는 대동소이했다. 다만 어린 내 마음속에는 그 집들이 각각 온순한 집, 포근한 집, 무서운 집으로 다가왔던 건 분명하다. 우리 집에서 좀 떨어져 있는 집에서는 내게 맛있는 것도 주고 추위에 떠는 나를 따뜻하게 감싸 안아주었다. 온순하고 정 많은 집이다. 그 옆집에는 할아버지와 할머니가 살았는데 나를 손주처럼 대해주었다. 어느 날은 심부름을 한 내게 설탕물을 타주었다. 어쩌다 바라보는 할아버지 집에서는 달콤한 향이 나고 웅크린 듯한 집 모양은 털 많은 순한 개가 엎드려 자는 모습처럼 보였다. 그 집은 포근한 집이다. 윗동네에는 제법 큰 기와집이 있었는데 늘 내게 무서운 생각이 들게 하곤 했다. 한 번은 오줌을 싸서 소금을 받으러 갔더니 그 집 아주머니가 머리에 얹어 쓴 키의 윗부분을 부지깽이로 무섭게 내리쳤다. 귀가 떨어져 나가는 줄 알았다. 내게 '무서운 기와집'으로 인식되었다. 집은 이렇게 저마다 보이지 않는 표정을 갖고 살아 숨 쉬는 듯하다.

  소소한가는 어떤가. 어릴 때의 동화 같은 감정이 아니더라도 편안한 표정을 느낄 수 있는 집이다. 우리가 간 그날따라 바람이 많이 불고 4월인데도 눈발까지 흩날렸는데 그 모진 공격으로부터 소소한가는 우리들을 하루 저녁 따스하고 넉넉하게 감싸 안아 주었다.

요즘은 표정 없는 집이 많다. 내가 사는 아파트가 그렇다. 모양도 천편일률적으로 상자 모양인 데다가 바로 옆과 위아래에 누가 사는지도 모르고 있으니 무슨 표정이 있겠는가.

어느 날 내게도 기회가 있어 전원주택을 짓게 된다면 남들에게 어떤 표정의 집으로 비추어질까.

오 교수

좋은 향기를 지닌 꽃이 예쁜가, 예쁜 꽃이 향기도 좋은가. 예쁘면서 향이 좋은 꽃이면 좋겠지만 그렇지 않은 경우가 있어서 오히려 공평하다는 생각이 든다. 흰 꽃은 화려함이 아닌 진한 향으로 곤충들을 끌어들인다고 한다. 화려하지는 않지만 좋은 향기를 내는 흰 꽃 같은 사람도 있다. 바로 오 교수라는 분이 그렇다. 어쩌다 이분을 떠올리면 절로 미소를 짓게 된다.

꽃이 채 피기도 전인 3월 어느 날, 내가 속해 있는 생활체육 탁구동호회원 여럿이 봄 나들이를 떠나게 되었다. 전북 김제로 해서 변산 채석강을 들렀다 오는 하루 일정이었다. 토요일 새벽 5시, 아직도 주변은 어두컴컴했다. 당일 여행이니만큼 이른 시간에 출발하여야 차도 안 막히고 알뜰하게 돌아보고 올 수 있다고 치밀하게 계획하여 진두지휘한 분은 바로 오 교수다. 이미 한 달여 전부터 이 여행을 계획하여 우리한테 가자고 하였다. 동호회를 위해 애쓰는 사람들을 위로하고자 함이었다.

오 교수는 이태 전 어느 날, 눈이 내린 것처럼 하얀 머리를 이고 우리가 운동하는 체육관에 모습을 드러냈다. 처음에는 회원 중 누구도 이분에게 관심을 주지 않았다. 그저 구경 온 사람이려니 생각했던 모양이다. 그가 앉아 있는 의자 옆에는 탁구라켓이 준비되어 있었는데 말이다.

대개 체육 동호회라 하면 다양한 직업을 가진 사람들이 건강과 취미를 위해 모인 집단이다. 백여 명이 넘는 회원이 모이다 보니 사람들의 개성이 가지각색이고 성격도 별난 사람이 적잖다. 어떤 이는 자기 욕심에 다른 사람은 신경도 안 쓰고 본인 운동만 하고 간다. 또 어떤 이는 개인의 특별한 목적을 위해 운동을 매개로 접근하기도 한다. 이런 다양한 사람들과 한데 어울려 운동을 한다는 게 쉬운 일은 아니다. 이런 곳에 이분이 들어온 것이다. 한동안 다른 사람들의 무관심 속에 그저 구경만 하고 가곤 하였으니 나름 실망할 만도 했다. 하지만 그런 힘든 순간들을 잘 이겨내고 동호회에 융화되어 나갔다. 어느 정도 지내다 보니 이분이 다른 사람들과는 다른 특별한 면모가 있음을 나는 알게 되었다.

보통 사람 같으면 동호회에 적당히 참여하며 개인 운동에나 신경 쓰려고 할 텐데 이분은 안 그런다. 바빠서 체육관에 나오는 날이 뜸하지만, 나올 때마다 탁구에 대한 남다른 열의를 불사르곤 한다. 다른 사람들은 15분 레슨 받고 힘들어하는데 한 시간도 마다하지 않는 체력과 열정을 발산하는 것을 보면 놀랍기만 하다. 그런가 하면, 젊은 사람들과도 격의 없이 어울려 운동하고, 운동 외적으로도 시사적인 대화나 시대적 흐름과 미래의 비전에 대한 정보 등을 나누며 활기찬 시간을 보내곤 한다. S대 데이터 사이언스 및 문헌정보학과 교수이면서 국제정보 대학협의회 의장으로서 세계 여러 나라의 초청받아 강의하는 분이라는 것을 나중에 알고 놀랐다. 그러함에도 불구하고 지적 우월감을 내세우지 않고 늘 겸손하다.

이분이 사람들의 애경사에 각별한 신경을 쓰는 일이 눈에 띈다. 어느 회원의 장례식 때다. 일반적으로 조의금만 전달해도 결례는 아닌데 화분까지 별도로 주문하여 전달하기도 한다. 상을 당한 사람이 장례식이 끝난 뒤에도 화분을 집으로 가져가서 고인의 넋을 오래도록 회상할 수 있게 함이라고 한다. 그런 경험이 있는 어느 분이 얘기하길, 나중에 그 화분 때문에 돌아가신 어머니를 더 많이 그리워하며 위로받았다고 한다.

그뿐만 아니라 갈등을 빚는 회원들이 있으면 자리를 만들어서 당사자들을 직접 만나 해결하려고 애를 쓰기까지 한다. 얼마 전 얘기다. 동호회의 전임 회장이 총회에서 선출된 새로운 회장단에게 회의 운영 권한을 넘겨주지 않아서 동호회가 한동안 술렁거렸다. 이때도 발 벗고 나서서 이쪽과 저쪽을 오가며 잘 해결해 보려고 애를 썼다. 이와 같은 노력을 기울여서 결국엔 모임의 어려움이 잘 풀려나가게 되었다.

세 시간이 채 못 되어 김제에 있는 금산사에 도착했다. 견훤이 아들을 피해 몸을 숨긴 곳으로 알려진 금산사는 오랜 세월 풍파를 모질게 이겨낸 모양새를 3층 목조로 된 미륵전에서 느끼게 한다. 벽면에 그려놓은 수많은 불화는 희미한 형태를 간신히 유지하고 있고, 경내의 곳곳에 서 있는 고목들도 속을 훤히 내보이게 패인 채 생명을 모질게 이어가고 있다. 미륵전 앞마당에서 오 교수는 좀 전에 찍은 사진을 스마트폰 여행 단체 대화방에 급하게 올리고 있다. 함께 오기로 했는데 아파서 동참하지 못한 어떤 회원들을 영상으로나마 위로하고자 함이다. 오래된 금산사와 백발의 교수 모습이 어쩐지 잘 어울렸다. 대웅전 지붕 위로 높게 펼쳐진 푸른 하늘에 비행기가 지나가며 남긴 하얀 구름 띠가 여러 갈래로 수놓아져 있다. 운동장 트랙처럼 그어진 모양을 보고는 하늘을 달려보고 싶다며 신나 하는 오 교수의 모습은 영락없는 천진한 아이다. 향기를 지닌 꽃에 벌과 나비가 끊임없이 몰려들 듯이 이분 주변엔 늘 사람이 몰려있다.

여행하는 동안 여행지 풍광을 감상하는 일과 더불어 오 교수 모습을 살펴보는 일도 나름의 즐거움이었다. 계획한 일정대로 우리는 즐겁게 여행을 마치고 차에 몸을 실었다. 금산사와 채석강보다 사람의 좋은 향기를 진하게 맡게 된 여행이었다.

지금껏 살아오면서 만난 사람들과는 대체로 좋은 인연을 맺어 왔다. 그중에서도 어떤 만남은 내 삶에 특별한 무늬를 아로새겨 놓기도 했다. 그런 소중한 무늬 또 하나가 내 안에 들어오는 것을 느낀다.

보고 싶은 것들

똑똑!
누구십니까?
오미크론입니다.
헉! 저… 전 초대하지 않았는데요.
거부하지 마십시오. 잠시 머물다 가겠습니다.
그놈의 방문訪問이다. 목이 자꾸 아프고 말을 하는데 통증이 있길래 수업 후 조퇴하고 동네 이비인후과에 가서 신속항원검사를 받았다. 의사는 앞에 놓인 모니터를 보면서 "두 줄 나왔습니다."라고 무덤덤하게 얘기한다. 맙소사, 확진이라니…. 2년여 동안 잘 버텨왔는데 확진? 그저 남들 얘기겠거니 했다. 학교에 출근하기 전에 자가진단키트로 검사하여 음성이 나왔던 터다. 우리 반 아이들의 지속적 감염이 있어서 불안했었는데 기어코 내게까지 덮쳐오고야 말았다. 학교에서 아이들을 가르치고 난 월요일의 일이다. 아이들과 동선이 겹쳐버리지 않았던가. 낌새가 이상하여 함께 급식은 안 하고 멀찌감치 바라만 본 게 그나마 다행이다. 내일부터 출근도 못하고 어떻게 하나. 어제 만났던 사람들도 있는데….

모든 게 무질서하게 쓰나미처럼 나를 덮쳐온다. 준비 없이 어떤 일을 당하면 이렇게 당황하게 되는가 보다. 아내에게 전화로 확진 사실을 알렸다. 아내도 놀라고 막막했던지 잠시 머뭇거린다. 이윽고 집에 와서 안방에 들어가 있으라는 말을 한다. 화장실이 딸려 있는 안방이 격리장소로는 적격이기 때문이다. 학교에 알리고 학부모들에게 연락하고, 또 어제 만났던 사람들에게 핸드폰 문자로 내 상황을 밝혔다. 숨길 수 없는 일이기에 주섬주섬 챙기며 연락을 해대는데, 이런 과정이 확진 자체보다 더 힘들다. 그렇게 나의 격리 생활은 시작되었다.

이튿날 오후 늦은 시간, 식구들 모두 출근하고 아무도 없는 안방에 혼자 외롭게 있자니 처량한 생각이 들었다. 좀 전에 지인에게서 이번 주말에 동네에서 술 한 잔 하자는 문자를 받고 나서 난 더욱 침울해졌다. 배가 고파지고 밖은 어둠이 드리워지는데 딸이 어제 사식처럼 들이밀어 놓은 빵이 눈에 띄었다. 평소 좋아하는 달콤한 빵이지만 이번엔 달랐다. 한 입 베어 무는데 문득 울컥했다. 눈물이 날 것만 같았다. 멋쩍음을 느끼며 무심하게 먹어댔다.

난 몰랐는데 내 안의 또 다른 나는 그 순간 느꼈나 보다. 어둠이 몰려오는 가운데 빵이 주는 묘한 빈곤과 외로움을. 일주일 동안 격리되어야 하는데 겨우 이틀 만에 이렇게 지치다니. 시간은 마음에 따라 길어지기도 하고 짧아지기도 한다는데 이틀이 꽤 길게 느껴졌나 보다. '까짓 거 일주일 푹 쉬지 뭐,' 하던 첫날의 호기는 어디 갔는지 모르겠다.

보고 싶은 것들, 하고 싶은 일들이 컨베이어벨트 위의 물건들처럼 뇌리를 스쳐 지나간다. 며칠 전 TV에서 본 감동적인 장면, '보고 싶었습니다' 서울 월드컵경기장에서 펼쳐진 카드섹션 문구다. 카타르 월드컵 최종예선 이란전이 있던 이 날, 코로나로 2년여 동안 무관중 또는 제한된 소수만 관전할 수밖에 없었던 축구장에 모처럼 6만 4천여 관중이 꽉 들어차서 만들어낸 작품이다. 보고 싶다는 그 또렷한 문구가 내 가슴에 진하게 와닿는다.

지난 2002년 한일월드컵 때가 떠오른다. 붉은 옷을 입고 떼로 몰려다니면서 응원하던 모습이 지금도 생생하다. 맥줏집 앞터 파라솔 아래에서 대형 텔레비전을 통해 응원하며 마셔대던 그 시원함 속엔 맥주 맛 그 이상의 무엇이 있었다. 횡격막을 울리며 쏟아냈던 짜릿한 함성의 쾌감이 있었고, 서로 어깨를 겯고 껑충껑충 뛰며 선수들과 함께 하는 듯한 역동성이 있었다. 20년 뒤에

코로나라는 이름의 펜데믹pandemic이 올 줄 누가 알았던가. 아직도 터널 속에 있고 그 끝은 어딜지 가늠조차 할 수 없다. 이젠 넌더리가 난다. 친구들과 술 한 잔 하며 함박웃음 띈 추억이 전에 있기나 했었던가 싶다.

수필 모임에서 하는 작품 합평회도 계속 줌Zoom으로 해왔다. 원격수업 시설이 갖춰진 장소에 근무하는 여건 때문에 난 벌써 2년 동안 호스트 역할을 해왔다. 코로나 사태 전에는 합평회 끝나고 뒤풀이를 하러 장충단 공원 인근 식당으로 가곤 했었는데, 그런 뒤풀이 자리가 그립고 사람 냄새나는 그 장면이 보고 싶다.

눈에 보이지 않는, 그러면서 사람의 생명을 위협하고 필경에는 빼앗아가기까지 하는 그 보이지 않는 것 때문에 이 고생이다. 격리 생활을 하면서 내게 머무르던 바이러스가 어디에 얼마큼 붙어있는지 볼 수 없어 식구들에게 전염시킬까 봐 전전긍긍했다. 손을 하루에도 몇 번씩 닦고, 기침을 할 때면 화장실 세면대로 달려가고, 내가 내딛는 발이 닿는 곳마다 붙어있을지 모를 바이러스 때문에 안방 문밖엔 한 발짝도 나가지 않는 조심스러운 행동을 했다. 야광빛처럼 그놈의 바이러스가 보이면 덜 할 텐데 하는 생각이 들었다. 바로 그 무례한 놈도 보고 싶다. 그래야 내치든 피하든 할 테니까.

외신에서는 우리나라가 곧 엔데믹endemic을 맞이하여 일상을 되찾을 아시아의 첫 나라가 될 거라고 한다. 그만큼 방역을 잘해

왔다는 것을 다른 나라에서 인정하고 있는 것이다. 이제 보고 싶은 사람들, 보고 싶은 풍경들, 보고 싶은 경기들을 맘껏 볼 수 있으려나. 마스크를 안 쓰는 세상도 보고 싶다. 푸른 하늘 아래 맑은 공기를 아무 거리낌 없이 맘껏 들이켜는 나 자신의 모습도 어서 보고 싶다.

법적 격리 기간인 일주일이 지나갔다. 그동안 감옥 생활을 한 듯하다. 격리 해제가 마치 석방되는 느낌이다. 두부 한 모 먹어야 하려나.

홀로 깨어 있던 사람

우저서원에 왔다.

김포시 전체가 신도시 개발에 이곳저곳이 파헤쳐져 가고 있지만, 이곳 우저서원은 치외법권 지역인양 옛 모습을 그대로 유지한 작은 마을과 더불어 평화롭고 고즈넉하기만 하다.

몇 해 전 가을에 그저 주변 경관이 좋아서 둘러보다가 무슨 서원이라고 하는 게 있어서 무심결에 들러보았던 곳이다. 그때는 그저 옛 성현의 자취가 있는 고택으로만 알았다.

7년 전, 이곳 김포로 이사 올 당시 근무하던 학교 근처에는 중봉 청소년회관, 중봉 도서관, 중봉 선생 동상 등 '중봉'이라는 명칭이 들어간 말이 이 지역 곳곳마다 있어서 도대체 중봉이 무슨 말인가 했다. 알고 보니 조헌 선생의 호였다. '조헌과 칠백의총'

정도로 역사 시간에 배웠고, 교사가 되어 아이들에게도 가르친 기억이 날 뿐, 이분에 대해서 자세히 아는 바는 없었다. 그러던 어느 날, 우연한 기회에 중봉 조헌 선생을 위해 일하는 지인 한 분이 선생에 대한 이야기를 써 놓은 책 한 권을 내게 주었다.《중봉 조헌과 그의 시대》라는 책이다. 김포에 살고 있고, 이 지역 교사로서 역사와 인물에 대해서 학생들에게 알려주려면 제대로 알아야겠다는 생각에 그 책을 정성껏 읽었다.

  책에는 선생의 철학과 업적, 그리고 나라를 위한 삶의 태도가 비교적 자세히 나와 있어서 읽는 동안 깊은 감동을 느끼게 되었다. 마흔여덟의 생애를 마치고 가신 분이지만 백 세의 연륜과 사상을 느끼게 하였다.

  중봉 선생에 관한 책을 읽은 뒤에 들른 오늘의 우저서원은 그래서 내게 특별하게 와닿는다. 이 서원은 조헌 선생의 학문과 덕행을 기리고 지방의 유학 교육을 담당하기 위해 지어진 교육기관이라고 한다. 아는 만큼 보인다고 했던가. 선생에게 받은 감동과 존경심이 서원의 외삼문을 들어서는 문지방과 강학 공간인 여택당 지붕을 떠받치는 기둥, 그리고 그 아래 주춧돌에서조차 묵직함으로 다가온다.

  선생의 위패가 모셔진 사당인 문열사 안으로 들어가 향로에 조심스럽게 향을 지펴 꽂고 고개 숙여 묵념을 드려본다. 470여 년 전에 돌아가신 분 앞에서 돌연 만감이 교차한다. 곧은 성품을 온전하게 드러내며 나라의 안위와 백성들의 편한 생활을 위해 뜻을 펼치셨던 선생의 향기가 전해져 오는 듯하다.

사당을 나와 우저서원 뒤편에 있는 500년 수령의 느티나무로 다가갔다. 거친 질감으로 두툼하게 싸여 있는 나무에서 선생의 숨결이 느껴진다. 그때는 어린나무였겠지만 역시 어렸던 선생은 이 나무를 바라보시며 고사리 같은 손으로 어루만져 보았는지 모른다. 나도 손을 지그시 가져다 대어 본다. 선생과 나는 이 순간 나무를 통해 시대를 넘어 교감하고 있는 중이다.

건국 뒤 조선을 튼튼하게 바치고 있던 경국대전의 위용은 서서히 퇴색해 가고 느슨해진 관리들은 너나 할 것 없이 가렴주구를 일삼는 암울한 때였다. 그뿐만 아니라 동인과 서인의 당쟁은 나라를 위하기보다는 자기들 세력의 안위만을 생각하여 인재의 적절함보다는 이익을 대변할 사람을 우선시하여 등용하는 가운데 능력이 있음에도 억울하게 내쫓겨 나가는 사람들이 많았을 터, 그중에는 분명히 중봉 선생도 있었을 것이다. 이런 혼탁한 시대를 만난 중봉 선생이 그저 안타까울 뿐이다.

전에 읽었던 에크하르트 톨레의 저서《나우now》의 내용이 떠오른다. "새로운 의식의 출현을 기대한다. 인간의 진화는 몸의 진화가 아니라 깨어있는 의식, 바로 의식의 깨달음이 진정한 인간의 진화이다."라고 한 내용이다. 또 다른 책, 알프레드 아들러의 사상을 빌어 일본 작가가 쓴《미움받을 용기》에서는 의미 있는 얘기를 들려주고 있다. 많은 사람들이 눈치를 보면서 군중심리의 틀 안에서 살아간다고 한다. 그래서 다른 사람들이 '예'라고 할 때, '아니요'라는 말을 하려면 커다란 용기가 필요하다고 한다. 그래서 그 용기는 곧, '미움받을 용기'가 되는 것이다. 그렇지만 이런 용기를 내는 사람은 진정한 자기 삶의 주인공이고 자유인이라고 말한다. 이 두 권의 책에서 전하는 내용이 중봉 선생의 삶 속에서 느껴지는 까닭은 왜일까. 420여 년 전에 살았던 중봉 선생은 그 당시 앞서가는 의식을 가졌으며 깨어있던 분이었음을, 또한 미움받을 용기를 낸 진정한 자유인이었음을 그분의 삶 속에서 알 수 있기 때문이다.

현실에 편안하게 머물고 자신의 이익만을 생각하는 사람들 속에서 중봉 선생처럼 깨달은 사람의 외침은 얼마나 공허했을까. 경제와 국방을 걱정하여 임금에게 상소를 올리면서 나라를 위해, 백성을 위해 어떻게든 잘해보려는 노력은 어리석은 주변 사람들에 의해서 묵살되거나 미움을 받아 멀리 내쳐지는 결과를 가져왔다. 그 모든 노력의 허망함을 끌어안고 깊은 곳에 들어가 낮은 자세로 지낸 나날들은 또 얼마나 힘들었을까. 그럼에도 불구하고 선생은 그 세월조차도 나라 걱정은 멈추질 않았다. 그리고 임진왜란이 일어났을 때 주저 없이 떨쳐 일어나 초개같이 몸을 내던졌다.

선생이 짧은 생애 동안 보여준 삶의 자세는 요즘 시대에는 그

예를 찾아보기 힘든 살신성인의 모습이다. 그래서 우리는 중봉 선생의 삶을 다시 생각해 보는 것이다. 후세에 여러 사람이 선생의 발자취에 의미를 부여하는 노력이 여기저기서 펼쳐지고 있어서 그나마 다행스럽다.

  우저서원을 나서면서 나는 다시 뒤를 돌아다본다. 중봉 선생은 대부분을 충청도에서 생활했고 뛰어난 발자취도 그곳에다 남겼다. 하지만 그런 분이 태어나고 유년 시절을 보낸 이곳 김포에 자리 잡은 우저서원은 선생의 미래를 위한 기름진 토양을 제공한 장소라는 점에서 의미가 작지 않다.

  좀 전에 본 사당 뒤편의 나이 지긋한 느티나무가 선생인 양 웃으며 손을 흔들어 배웅해 준다. 사 오백 년 뒤에나 태어나셨으면 더욱 좋았을 것을, 하는 아쉬운 생각을 하며 발걸음을 무겁게 떼었다.

좋아하는 일

 주말이면 가는 곳이 생겼다. 도서관이다. 스케치북이나 이젤이 아니고 책을 들고 다닌다. 낯설긴 해도 의외라고 생각하진 않는다. 오히려 책을 읽다가 밑줄이라도 치고 싶은 구절을 발견하기도 한다.
 '이런 멋진 표현들이 내게서 만들어졌다면…' 하고 터무니없는 꿈을 꾸기도 하지만.
 아내의 권유가 있었지만, 글에 대한 단순한 관심이 여기까지 오게 될 줄은 몰랐다. 확실히 인간은 상황적인 동물인가 보다. 읽고 쓰는 일이 언제부터인가는 행복하다는 생각이 들었다. 그게 함정이었다. 글을 쓰는 일은 유혹으로 시작해서 유혹으로 끝난다는 걸 나중에야 들어서 알았다. 자기최면을 걸도록 만든단다.

이유야 아무래도 좋다. 원래부터 하고 싶은 일이 글이었다 치자. 그간 글과 떨어져 지냈지만, 이제라도 정신을 차리고 제 자리를 찾았으면 다행 아닌가. 뭐 죄책감까지야 너무 나간 생각이 아닌가 싶다. 글 쓰는 사람도 아니고 겨우 도서관 문턱이나 넘나드는 주제인데 말이다.

'내가 혹시 신화에 나오는 쌍둥이 왕자처럼 비운의 운명을 가지고 태어나진 않았을까. 들에 버려져 목동으로 자란 것은 아닐까.' 하는 상상을 하다 보면 픽 웃음이 난다. 그리스 신화가 생각났기 때문이다. 어찌 됐든 책을 읽는 시간이 많아졌고 독후감이나 나름의 단상을 끄적거리는 일이 잦아졌다.

사실 그림은 내 인생에 있어서 상당 부분을 차지해 왔었다. 주위에서의 인정도 있었지만, 학생 시절부터 나는 화가가 되기로 결심한 상태였다. 대회에 나가 상도 제법 탔다. 그러나 그림과 나 사이에는 거대한 장벽이 있었다. 제대로 배우려면 화실이나 학원을 다녀야 했다. 적지 않은 돈이 드는 일이기에 내 형편으로는 언감생심 꿈같은 일이었다.

미대에는 못 갔지만 교육대학에 가서 미술을 부전공으로 선택하는 기회가 생겼다. 바라던 그림을 그리게 된 것이다. 논문 대신 졸업 작품으로 그림을 그려 전시회도 열었다. 졸업 후에는 동문들이 만든 서양화 그리기 모임에도 참여하여 연합 전시회도 열곤 했다.

의욕을 갖고 계속 그림을 그리려고 했지만, 작업 공간이 따로 없는 문제는 늘 발목을 잡았다. 좁은 곳에서 작품을 겨우 완성해 전시회에 몇 번을 참여하긴 했지만, 이후에 내 의욕은 상당히 위축되어 갔다. 전시가 끝난 그림들은 천덕꾸러기처럼 집안의 어느 한 곳에 쌓이곤 했다.

오랜 고민 끝에 기름 냄새도 없고, 화구와 각종 재료의 번잡함도 없고, 너른 공간도 필요 없는 일, 글쓰기 쪽에 마음이 가기 시작한 것은 그즈음이었다.

글쓰기는 그림과는 많이 달랐다. 어렵거나 복잡할 것 같지는 않았다. 물감이나 팔레트도 필요 없었다. 문장을 연결하고 배치만 잘해주면 글자 사이로 의미가 들어가서 살아 움직인다고 생각했다. 난 조물주라도 된 듯 뿌듯했다. 그래 이거다. 왜 쉬운 길을 놔두고 어려운 미술만 고집했지? 마음 가는 대로 움직여 보는 거야. 글쓰기에 대한 욕망이 점점 커져만 갔다. 머지않아 멋진 집을 지을 수 있을 듯했다. 그러나 한두 해 글을 써 본 결과, 멋진 집은 무슨…. 판잣집도 지어지지 않았다. 이제껏 겉모습만 그렸는데 무슨 수로 내면을 그릴 건가. 그림이라고 내면이 없는 건 아니지만 글 속에 있는 내면에는 어림없다는 생각이 들었다. 그래서, 책 읽고 혼자 글쓰기 공부하는 정도를 뛰어넘어야겠다고 생각했다. 아내의 소개로 알게 된 선생님에게 정식으로 글쓰기를 배우기로 했다. 글공부를 위해 일주일에 한 번 오가는 서울 길이

비록 멀지만, 열정이 있기에 견딜 만했다.

 글쓰기 세계로 들어가는 길은 예상했던 대로 녹록지 않았다. 야단치는 사람도 없는데 주눅 들고 작아지는 느낌이 들었다. 그나마 걸치고 있는 지식의 옷은 등단을 논하기에 턱없이 작았다. 하지만 모질게 결심한 일이기에 다시 돌아갈 순 없었다. '꼭 해내고야 만다.'는 마음속 주문을 자꾸 외었다.

 늦은 배움의 길이지만 글쓰기는 내게 행복의 뜰에 빼꼼히 내민 고운 싹이다. 봄날의 따뜻한 볕을 기다리며 성장을 꿈꾸고 있다. 여린 가슴이 말라서 버석거리는 일이 없도록 물도 주고 김을 매 주고 하는 건 온전히 나의 몫이다.

 《좋아하는 일을 하며 나이 든다는 것》의 저자 사이토 시게타의 말대로 쉰 살 이후에 좋아하는 일을 찾는다는 것은 의미 있는 일이고, 찾아서 한다는 건 삶의 무한한 행복이다.

 꿈을 다시 꺼낼 수 있게 허락된 기회가 소중할 따름이다.

또 다른 여행

그림 그리기를 좋아하여 화가가 되겠다고 다짐하던 어린 시절을 떠올린다. 어른이 되도록 그 바람은 이루지 못했지만 그림은 아주 오랫동안 내 안 어느 한 곳에 넉넉하게 자리 잡아 왔다. 그러던 어느 날, 붓으로 그리는 일을 내려놓고 글로 그림을 그리는 길에 나서기로 했다.

내가 세상에 나와서 살아온 길을 돌아보니 그저 이대로 있어서는 안 되겠다는 절박한 마음이 들었다. 들춰내기 싫은 기막힌 이야기가 내 삶에 있었고 이를 남모르게 덮어두고자 했던 게 이때까지 지켜온 단단한 내 태도였다. 그런데 나이를 먹으면서 어느 때부터인지 그런 내 마음과 몸짓이 달라졌다. 조심스럽게 숨겨온 얘기를 남들에게 하고 싶어졌다. 그렇게 하는 게 답답함을 풀어내는 일이고, 나를 제대로 대접하는 모습이라고 생각했다. 그런 일을 하는 데 그림으로는 어렵다고 여겨 글 쓰는 길에 들어서게 되었다.

글 쓰는 길을 걸어가기엔 늦은 것은 아닐까 생각했다. 하지만, 한 번뿐인 인생에서 죽음보다 늦은 것은 없다는 생각으로 힘을 냈다. 이렇게 하여 수필이라는 세계의 문을 두드리게 되었다. 열세 달 동안 김포에서 서울까지 두 시간여를 오고 가며 수필 선생님의 가르침을 받기 위해 힘껏 움직였다. 오롯이 나를 담금질하는 걸음이었고 몸짓이었다.

수필의 길에 들어선 지 이태 만에 등단의 기쁨을 맛보게 되었고 그 뒤 일곱 해가 지난 지금도 식지 않는 글쓰기 열정을 간직해 오고 있다. 그러니 이쯤 되면 이미 수필집 한 권은 나왔어야 하지 않나 싶다. 아직 그러지 못한 것은 부지런하지 못하고, 나를 드러내는 데 여전히 주저하기 때문일 게다. 또 하나는 삶을 더 깊이 바라보며 생각의 샘물을 묵직하게 길어 올리지 못한 탓이기도 하다.

뜻밖에도 동화책 한 권이 수필집을 앞질러 먼저 나왔다. 내 첫 동화 한 편이 들어 있는 책이다. 비록 6인 공저이지만 표지 제목을 정하고 머리글 쓰는 일에 앞장선 까닭인지 몰라도 내 첫 책이라는 느낌이 든다.

초등학교 교사로 생활하면서 그렇지 않아도 오래전부터 동화를 쓰고 싶다는 생각을 해오던 터에 좋은 기회가 생겼다. 교사 연구년제에 계획서를 내어 합격한 일이다. 아이들의 인성교육에 도움 될 동화를 창작하겠다는 게 계획서의 내용이었다. 일 년 동안 학교 밖에서 파견 근무하는 동안 동화 쓰기 공부를 따로 하고, 이어서 진짜로 동화 쓰는 시간이 주어진 것이다. 얼마나 큰 행운인지 모른다.

수필 공부를 할 때처럼 불타오르는 열정을 안고 서울 강남에 있는 6주 코스의 '동화 쓰기 프로젝트' 기획사 문을 두드렸다. 그게 1월이었다. 딸보다 더 어린 다섯 명의 여성 예비작가와 함께 공부한다는 게 처음에는 쑥스러웠다. 하지만 동화를 쓰고 싶어 하는 내 안의 타오르는 열정이 이를 이겨내게 했다. 찬 바람 부는 때를 지나 꽃봉오리가 빼꼼히 얼굴을 내미는 따스한 봄날까지 동화 한 편을 쓰느라 온 힘을 쏟아부었다.

저마다 쓴 동화를 놓고 프로젝트를 이끌어가는 강사와 젊은 예비작가들이 모여 합평을 해 나갔다. 그렇게 다듬고 또 다듬어나가는 일을 얼마나 했을까. 함께 쓴 동화를 모아 엮어서 만든 동화책이 드디어 나왔다. 꽃이 온 세상을 가득 덮은 오월에.

인터넷 판매 도서 자리에 올라가서 포털 검색을 하면 나오는 책이라니 마냥 설레고 신기했다. 책을 주문해서 받은 동화책을 처음 만졌을 때의 그 감동은 이루 말로 할 수 없었다. 아이들처럼 여기저기 자랑했다. 그랬더니 주문하겠다는 이와 이미 주문했다는 사람이 여기저기서 나왔다. 내게 이렇게 재미있는 일이 일어나다니…. 동화에 나오는 아이처럼 깡충깡충 뛰며 춤이라도 추고 싶은 마음이었다.

내게 수필을 가르쳐준 선생님이 기뻐하며 조촐하게 출판기념 식사 자리를 마련해 주시면서 다음과 같이 격려의 말씀을 해주셨다.

"동화를 쓰는 일은 곽 선생의 글쓰기 지평을 넓혀주는 일이니 아주 좋은 일이에요."

이렇게 해서 난 또 다른 글쓰기 여행길에 나선 셈이다. 걸음을 내디뎠으니 내쳐 앞으로 나아가고자 한다. 다만, 어려운 한 가지를 짚고 넘어가야 한다. 수필을 쓸 때보다 동화를 쓰려니 아이다운 말과 글을 따로 익히고 배워야 한다고 느꼈다. 수필은 대개 어른들이 읽는 글이니 어려운 낱말과 문장을 써도 괜찮겠지만, 동화의 세계는 아이들 눈높이에 맞는 정서와 글로 펼쳐나가야 하기 때문이다. 그래서 요즘에 우리말과 글을 공부하는 데 많은 시간과 노력을 들이고 있다.

내게 주어진 또 다른 글쓰기 여행이 소풍을 앞둔 아이처럼 마구 설레고 기대된다. 수필을 쓰는 여행이고 동화를 쓰는 여행이며, 우리말의 맛과 결을 살려 더 깊고 따뜻한 글이 되도록 하는 여행이다.

교단 일기

 잠을 설쳤다. 바람이 느껴지는데도 머리가 개운치 않다. 교실에서 그 애를 어떻게 볼지 걱정이다. 평소에 믿고 예뻐했던 아이다. 소민이와 애 엄마가 잘 연결되지 않는다. 이대로 출근하면 울적한 기분이 남에게까지 전염될 것 같다.
 자꾸만 소민이 엄마가 생각난다. 학교로 찾아와 아이의 생활기록부를 고쳐달라던…. 불가능한 일이다. 안 된다고 했으나 소민이 엄마는 다음 날 남편까지 대동하고 교장을 찾아갔다. 하지만 그건 교장도 어쩔 수 없는 일이다. 아무래도 담임선생보다는 윗선을 찾아가는 게 낫다고 생각했나 보다. 어떤 학부모들은 교육청, 아니 교육부에까지 민원을 넣어 학교와 선생을 난처하게 만든다고도 하니 아무리 생각해도 그건 아니라고 생각한다. 아이 일에 이성을 가리지 않는 부모들이 점점 늘어나고 있다. 선생과 아이의 인간관계보다는 부모의 이기심이 우선이다.

종종 학부모의 갑질 사건을 듣곤 한다. 요즘 말로, '내가 이러려고 선생이 되었나.'하는 자괴감에 그저 씁쓸할 뿐이다. 교사들은 아이들을 가르치는 것보다는 부모들을 상대하는 일이 더 힘들다.

'교실 붕괴'라는 말까지 나오는 이런 일들이 자꾸 벌어지는 까닭은 무엇일까. 학생인권을 강조하다 보니 생기게 된 현상이 아닌가 생각한다. '사랑의 매'란 말도 있지 않은가. 아이들의 손바닥을 때려가면서 가르칠 때에는 오히려 이런 일이 없었다. 학부모도 자기 아이가 말을 안 들으면 더 야단쳐 달라고 부탁할 정도였다. 초등학교는 물론 중고등학교는 더욱 심각하다고 하니 무너지고 있는 교권 현실이 걱정스럽다. 군사부일체君師父一體까지의 존경은 바라지 않지만, 신뢰라도 보내 주면 좋겠다. 이런 일로 마음의 상처를 입고 교단을 떠나거나 심지어 극단적 선택까지 하는 선생들이 생긴다고 하니 걱정이다.

부모가 학교에 와서 감정대로만 하고 가면 그 여운은 고스란히 선생 가슴에 상처로 남는다. 그리고 그건 아이에게 전이轉移된다. 이번 상황도 다르지 않다. 소민이의 부모가 교장실을 다녀간 뒤로는 평소와 다른 느낌이 드는 게 사실이다. 아이 얼굴 위로 그 애 어머니 모습이 자꾸만 겹쳐온다. 걱정하는 일은 꼭 현실로 다가온다. 아니나 다를까. 그 애가 미워지려고 한다. 내 안에 웅크리고 있는 불편한 감정이 꿈틀거리는 모양이다. '이러면 안 되지. 애가 무슨 죈가.'라면서 몇 번이고 고개를 저어 본다.

교사로 첫발을 내디뎠을 때 가졌던 다짐들을 다시 한번 생각해 본다. 나이가 들면서 조금은 탈색된 게 사실이지만 그래도 근본은 잃지 않으려고 노력한다. 변질된 교육풍토의 현실 앞에서 이마저도 무너지려고 한다. 그런 내 모습이 실망스럽다.

아이들에게 좋은 선생으로 남고 싶은 건 모든 교사의 바람이다. 요즘은 아이들과 소통을 잘해야 좋은 선생이라고 한다. 주변 여건의 변화에도 감정이 흔들리면 안 된다. 하지만 경력이 제법 되는 나로서도 학부모들과의 일은 힘이 들 수밖에 없다. 학부모의 휘둘림에 상관없이 학생만을 바라볼 수는 없을까. 교실에서만 최선을 다 할 수 있는 방법은 정말 없는 것일까. 다시 초심으로 돌아가 아이만을 생각하고 싶다. 그릇된 교육 환경이나 제도야 말로 나를 힘들게 한다. 과연 나는 소민이 엄마의 일로 소민이를 조금이라도 밉게 보진 않았을까. 세상 모든 것을 편협한 시선으로 재단하며 나 자신을 합리화하진 않았을까.

수업이 끝나 집으로 돌아가는 소민이를 따로 불렀다. 어른들 세계를 모르는 해맑은 눈으로 바라본다.

"소민아, 너 전학 가기로 했다면서?" 하고 묻자, "네, 그런데 이번 학년은 마치고 내년에 가기로 했어요."

담임인 나와는 한마디 상의도 없이 교장에게만 전학 얘기를 하고 간 소민이 부모를 떠올리니 불편한 감정이 또 고개를 내민다. '아이가 무슨 잘못인가…' 가슴을 지그시 눌러본다.
"이번 뮤지컬에서 주인공인 '마리아' 역을 해보지 않으련?"
학예회에서 우리 반은 '사운드 오브 뮤직'이라는 공연을 하기로 했다. 아직 배역을 정하지 못하고 있던 참이다. 아이는 좋아서 어쩔 줄 모른다. 웃으며 교실을 뛰어나가는 아이의 모습이 천진스럽다.

방과 후, 빈 교실에 홀로 남아 멍하니 벽을 바라본다. 창문을 많이 거느린 벽이 말을 건넨다. 누구라도 내게 말을 해주었으면 하는 바람에서였겠지만…. '다 그런 건 아냐. 교실과 교사가 있는 한, 학생과 학부모는 있게 마련이야. 그중에는 교사를 좋아하는 학부모도 있어.' 하고 속삭인다. 풍상을 겪어본 사람처럼 말한다. 나직하지만 힘이 있다. 부드럽고 자애롭기까지 하다. 바라보는 눈에 힘을 주어 본다. 내게 힘이 돼주었던 중학교 담임 선생님 얼굴이 그곳에 있다. 분명하진 않지만 빙그레 웃고 있다. '그래, 힘내야지' 아이들 책상에 앉아본다. 아직도 훈기가 느껴진다. 왁자지껄한 소란스러움과 몸짓이 아이들 책상 위에도, 교실 뒤에 전시된 작품들에도 여전히 남아 있다. 엄마 아빠의 얼굴을 집보다 크게 그린 아이들 그림 위로 개구쟁이 하얀 이가 보인다. 기차를 향해 떠드는 시골 아이들처럼 손을 흔들어 본다.

"퇴근 안 해요?"

지나가던 옆 반 선생이 창문을 열고 아이처럼 웃는다.

귀농한 선배

개조한 드럼통 숯불 위에서 말고기가 김을 내며 익고 있다. 여덟 명의 외인들은 그 낯선 음식인 말고기 구이가 어서 빨리 접시에 놓여지기를 기다린다. 제주도에서나 먹을 수 있다는 이 고기를 비로소 처음으로 먹게 된 것이다. 양념장에 찍어 먹어본다. 소고기처럼 연해서 특별한 이질감은 없다. 들리는 얘기로는 질겨서 먹기 불편하다고 했는데 그렇지도 않다. 주인장인 S선배의 정성스러운 준비로 낭만 가득한 자리다. 연기 자욱한 창고 안에서 매운 눈을 비벼가며 구워 먹는 말고기 맛에 제주의 밤은 깊어간다.

서울에서 직장생활을 하던 S선배는 작년에 고향인 제주로 귀농하였다. 대학자원봉사동아리에서 선후배로 만난 우리는 오랜 세월이 지난 지금도 여행을 하며 즐겁게 만남을 갖고 있다. 대기

업인 H기업에 취직하여 전공을 살려 직장생활을 했던 선배는 못 버티고 2년 만에 좀 작은 회사로 옮겼다. 그리고 얼마 뒤 또 다른 일을 하다가 고향으로 돌아와 귤 농사를 짓기 시작했다. 돌아가신 아버지의 가업을 이어받았다. 틀에 박힌 직장을 떠나 좀 자유로운 내 일을 한다는 데 의미가 있어 좋지만 처자식과 떨어져서 고향의 터에 자리를 잡는 일은 고난이었다. 그렇지만 자신과의 싸움을 이겨내고 험한 현실을 잘 극복하고 있는 것 같아 다행이라 여겨졌다. 이제는 몸에 밴 듯 귤 농사니, 버섯 농사니 하는 일들을 잘하고 있다. 워낙 성품이 좋아 주변에 친구들이 많이 와서 도움을 주는 듯했다.

그동안 동생 집에 얹혀사는 일이 못내 부담스러웠던지 과수원 옆의 창고 일부를 개조하여 살림집을 만들고 있었다. 아직 공사 중이어서 도착한 첫날 내가 한 일이 바로 그 살림집 방바닥에 장판을 까는 일이었다. 장판을 깔기 전에는 말이 살림집이지 창고 모습 그 자체였다. 창고 구석에 플라스틱 상자 몇 개를 갖다 놓고 그 위에 스티로폼과 전기장판을 얹어 놓은 간이침대에서 새우잠을 자 왔던 모양이었다. 화장실은 아직 완성이 안 되어 있고 보일러도 덜 만들어져 겨울을 보내기에는 쉽지 않은 실정이 마음에 짠했다.

난 무엇이든 좀 도와주려고 일을 찾았다. 얻어다 놓은 장롱 두 개가 눈에 띄었다. 내부에는 지난여름에 피었던 곰팡이가 뿌옇게 자리 잡고 있어서 이불이나 옷을 넣을 수 없는 상태였다. 난 걸레를 빨아다가 닦기 시작했다. 걸레가 지나가는 곳마다 곰팡이의 포자가 먼지처럼 날렸다. 몇 번을 반복해서 닦아내니 비로소 고급 장롱의 살결이 모습을 드러냈다. 물기가 마르면 이제 이불과 옷을 넣을 수 있을 것이다.

선배는 표고버섯 농사에 깊은 관심을 보였다. 귤 농사만 가지고서는 안 되겠다 싶었던 모양이다. 버섯을 재배하기 위해서는 참나무가 필요하다. 그래서 이 나무를 구하기 위해 이튿날에는 산으로 갔다. 알맞은 크기의 참나무를 골라놓고 나중에 사람을 사서 베는 작업을 할 것이다. 나무 선별하는 일이 만만찮았다. 사람의 발길이 닿지 않은 울창한 밀림 속에서 알맞은 크기의 참나무를 골랐다. 붉은색의 노끈으로 나무 중간 부분을 묶었다. 선배와 함께 간 다른 두 친구는 그 거친 숲을 성큼성큼 다니면서 잘도 하였다. 주변엔 가시나무들이 제멋대로 자라 있어서 혹시나 얼굴에 상처를 낼까 신경이 무척 쓰였다. 어린아이들 앞에 흉진 얼굴을 드러내고 수업할 수는 없기 때문이었다.

다음 날은 하루를 꼬박 귀농한 사람들 모양으로 일을 했다. 오전에는 귤을 따고, 오후엔 사려니 숲에 가서 표고버섯을 채취했다. 귤은 작년에도 따 봤기 때문에 익숙하였지만 버섯 따는 일은 처음 하는 거라 신선한 체험이었다. 깊은 숲에 마련된 표고버섯 밭은 규모가 제법 컸다. 참나무를 1m 정도씩 잘라서 네 개씩 마치 인디언 천막처럼 서로 기대어 놓은 묶음들이 수없이 많았다. 참나무에 드릴로 구멍을 여러 곳 뚫어 홈집을 내고 그 안에 표고버섯 포자를 집어넣어 놓으면 균사가 발아하여 버섯으로 자란다고 했다. 표고버섯 따는 방법을 선배가 알려주어 그대로 했다. 여덟 명이 달려들어 채취하니 그 넓은 참나무 밭도 너끈히 해낼 수 있었다. 표고버섯은 가격이 제법 나가는 고급 버섯이라고 한다. 그런 것을 한 상자씩 집으로 가져갔으니 좀 심했다. 귤 농사는 물론이고 버섯농사까지 잘 되면 선배의 얼굴에도 더 많은 웃음이 돌 것이리라.

선배는 이런 일들이 재미있다고 했다. 재미가 없으면 그 힘든 일들을 어찌해 낼 수 있을까. 난 나중에라도 농사짓는 일은 절대로 못할 것 같다. 시골 살던 어릴 때를 떠올려 보니 더욱 그렇다. 시골살이에 대하여 일종의 트라우마가 있다. 지금은 안 그렇지만 전에는 시골에 사는 애들은 어른들의 일을 돕는 것이 흔했다. 난 토끼도 기르고 닭도 길렀다. 토끼 여섯 마리가 먹을 풀을 베어 대느라 얼마나 힘들었던지 모른다. 또 논일과 밭일을 거드는데 어린 손으로 하기에는 벅찰 수밖에 없었다. 시골 풍경은 멀리서 보면 낭만적이지만 그 안에 들어가 보면 한 시도 쉼 없는 잔인한 현실의 장場이다. 그런 시골 생활을 선배는 거뜬히 하면서 재미까지 있다고 한다. 얼마나 다행스러운 일인가.

돌아가는 비행기에서 여행이 아닌 귀농한 형님의 삶을 잠시나마 엿보는 체험을 한 것이 무엇보다 귀한 시간이었다. 창 밖에 펼쳐진 제주도가 아스라이 멀어져 가는 것을 아쉬워하며 스르르 잠이 들었다.

친구 어머니

 어린 나이에 시골에서 올라와 휘황찬란했던 서울의 모습에 어리둥절하여 당황했던 때가 생각난다. 양주의 깡촌 산골서 이사 와 이런 곳에서 살게 될 것이라곤 꿈에도 생각 못했다. 농사만 짓고 살던 아버지는 서울 출신 새엄마와 재혼하여 논밭 팔아 서울로 이사를 왔지만 적응하지 못했다. 그나마 적은 가산은 탕진하고 결국엔 생활력 부족으로 이혼을 당했다. 그 뒤 막노동을 하다가 엎친 데 덮친 격으로 몸까지 다쳐서 불구가 됐다. 생활력을 완전히 잃어버린 아버지는 술로 세월을 보내다가 건강을 잃고 그만 세상을 떠났다. 나는 이 거대한 도시 한복판에서 어떻게 혼자 살아가게 될까 걱정이 많았다. 나도 아버지처럼 부적응 상태로 폐인이 되어 어느 차가운 콘크리트 바닥에 나뒹구는 신세가 되지는 않을까 걱정했다.

그러나 지금 두 아이의 아버지로, 아이들을 가르치는 선생으로 잘 살아가고 있다. 이런 일이 가능했던 것은 이 도시의 곳곳에 따뜻한 마음을 가진 사람들이 있었기 때문이다. 그들의 도움과 격려가 있었기에 나 같은 사람이 거친 세상을 무난히 걸어갈 수 있었다. 그 많은 따뜻한 사람들 가운데 함께해 준 분이 계셨다.

중학교 3학년이었던 가을에, 이때까지 함께 살던 아버지가 암으로 돌아가시고 난 혼자 살게 되었다. 학교에서는 나를 위하여 대대적으로 모금을 하여 생활에 보탬을 주려 했고, 학교의 학부모단체 임원으로 계시는 어떤 분은 양자를 제의해 오기도 하였다.

어려운 상황 속에서도 가야 할 길은 가야 하겠기에 고입 시험을 준비하기 시작했다. 그 당시 고맙게도 같은 반 어떤 친구가 자기네 집에서 시험 볼 때까지만이라도 함께 지내자고 하여, 친구 집에서 근 한 달 동안 연합고사 준비를 했다. 그 덕으로 편안하게 공부하며 고등학교에 무난하게 합격하였다. 그 친구의 도움이 없었다면 많은 어려움이 있었을 것이다.

이렇게 해서 시작한 고등학교 생활은 암담한 미래를 향한 몸부림의 연속이었다. 나 자신을 이겨내지 못하는 나약한 정신에 대항해서 몸부림쳐야 했고, 한없이 나태해지려는 생활에 저항해야 했다. 특히 생명을 이어가게 하는 끼니를 해결하는 데에는 어찌 그리 게을렀는지 모른다.

혼자가 되고 나니 모든 게 귀찮아졌다. 나 하나의 입을 만족시키려고 애쓰기 싫었다. 그래서 간편한 라면이나 우동 같은 밀가루 음식을 자주 끓여 먹곤 하였다. 그나마도 귀찮아서 굶을 때도 꽤 있었다. 그래서 날이 갈수록 삐쩍 마른 모습으로 변해갔다.

나를 안타깝게 여긴 친구가 어느 날인가 자기 집으로 데리고 가서 밥을 챙겨주었다. 나는 키가 작지만 그 친구는 머리 하나가 더 있는 껄다리였다.

친구 어머니는 내게 언제든지 집에 와서 밥을 먹으라고 하셨다. 갈 때마다 있는 반찬 없는 반찬 다 꺼내서 한 상 차려주시곤 했다.

어느 날 한 번은, 밥을 먹고 있는 나를 친구 어머니는 그윽하게 쳐다보면서 말씀하셨다.

"혼자 살면서 얼마나 힘드니. 부모가 있어서 밥을 챙겨 주기를 하나 옷을 빨아 따뜻하게 입혀주기를 하나, 그저 모든 것을 혼자서 꾸려나가며 공부하려니 얼마나 힘들겠니. 그래도 열심히 살아야 한다. 네 몸 건강하게 챙겨서 훌륭한 사람 돼야 한다." 하면서 격려해 주셨다. 그 말씀말씀이 지금도 어제 일처럼 생생하다. 그분은 아침 일찍 일어나서 아들 셋을 위해 정성껏 하루치 음식을 만들어 놓고는 평화시장으로 장사하러 나가곤 하셨다. 그 하루치 음식 중 둘째 아들 친구인 나를 위한 음식도 부족하지 않게 준비해 주셨다. 그런 어머니의 배려를 내 어찌 잊을 수 있을까?

그 당시, 친구의 어머니를 통해 '어머니'의 따스한 품을 어렴풋이나마 느꼈던 기억이 난다. 어머니의 존재는 어떠한가를 그려보기도 하였다. 더 어렸을 때 느꼈던 막연한 어머니라는 추상적인 모습이 머리가 조금 커진 이때에 오히려 구체적으로 다가오는 계기가 되었다. 친구의 어머니는 간혹 친구에게 궁둥이를 두드려 주며 "에구, 내 새끼, 에구 내 아들" 하며 특유의 어머니들이 자식에게 하는 모습을 때때로 보여주곤 했다. 그럴 때마다 난 '아, 바로 저런 모습이 어머니 모습이로구나' 하고 생각하였다.

그 친구 어머니가 며칠 전에 돌아가셨다. 재작년에 다른 친구와 함께 정육점에 들러 고기 몇 근을 사들고 편찮으신 친구 어머니를 찾아뵈었다. 오랜 투병 생활로 지친 모습으로 침대에 누워 계시면서도 우리를 보자 밝게 웃어주셨다. 그 모습이 마지막이 될 줄 누가 알았을까. 고등학교 배고픈 시절, 내게 따뜻한 음식을 배부르게 대접해 주시곤 했던 고마운 분이었다. 그런 분이 이제 13년의 고통스러운 투병 생활을 마치고 편안한 안식의 길로 떠나셨다.

머리로만 생각했던 어머니의 모습을 조금은 가슴으로 느낄 수 있게 해 주셨던 친구 어머니. 영정 앞에서 30여 년 전에 베풀어 주신 온정에 눈물로만 감사함을 표할 수 없음이 가슴 아팠다.

이튿날 운구하는 손으로 전해지는 어머니의 무게를 마지막으로 느끼며 안녕히 가시라는 이별의 인사를 드렸다. 돌아오는 버스에서 흐느끼며 말하는 친구의 말이 서글프게 내 귀에 아른거렸다.

"어머니를 산속에다 버리고 온 느낌이야."

그렇지 않다고 말하려다가 말았다. 나도 그런 생각이 들었기 때문이다. 아들의 친구가 세상에 내쳐지지 않게 신경 써주셨던 분, 그런 어머니를 정말 산속에 버리고 온 느낌이 들어 가슴이 아팠다.

어떻게 살아가야 할지 막막하고 힘들 때, 정신적으로 육체적으로 배고플 때, 친구 어머니는 당신의 방식으로 격려해 주고 채워 주고 쓰다듬어 주셨다. 그런 따스함 때문에 지금까지 이렇게 잘 살아가고 있다.

달걀 동동 커피

　살아오면서 유독 만나고픈 사람이 누구나 있기 마련이다. 지금처럼 아파트살이가 흔치 않던 예전에는 이웃과 오가는 정이 많았다. 낮은 담장 너머로 웃음과 이야기를 나누고, 맛있는 음식을 하면 냄새부터 먼저 오고 가던 정겨운 때였다. 나처럼 달동네 생활을 많이 하던 사람은 그런 정겨움이 한결 많다. 어려운 처지에 있는 사람끼리는 이웃과 주고받는 따스한 정서가 더 크기 때문이리라. '응답하라 1988' 같은 드라마가 살갑게 다가오는 것도 그 때문이다.
　어린 시절 어려운 때 인연을 맺었던 이웃 사람을 다시 만나고 싶은 마음을 갖는 사람들이 많을 것이다. 내게도 골목이 있고 가파른 계단이 길게 늘여진 달동네에서 따스한 온기를 나누던 이웃 가운데 보고 싶은 사람이 몇몇 있다. 그 가운데서 추석이나 설 때면 더욱더 생각나는 한 사람이 있다.

중학교 1학년 때부터 3학년 때까지 다세대 주택의 같은 층에 살던 옆집 준용이라는 아이 어머니다. 나를 막내뻘 남동생 정도로 생각하고 편하게 대해주었다. 아침저녁으로 신문 돌리며 학교 다니는 나를 안쓰러워하여 맛난 음식이 있을 때면 갖다 주곤 하셨다. 특히 명절엔 더 각별했다. 하루 끼니 차려 먹기도 어려울 정도로 형편이 어려운 우리 집은 명절이라고 해서 따로 음식을 장만하지 않았다. 그래서 다른 날보다 명절 때 서러움이 더 컸다. 그런 우리를 추석이나 설 같은 명절마다 전과 고기, 떡국, 과일을 챙겨주곤 했던 분이 준용이네였고, 가까이서 누님같이 살갑게 챙겨주던 분이 준용이 어머니였다.

그분에겐 준용이와 정미라는 이름의 아들과 딸이 있었다. 여덟 살, 여섯 살이었다. 난 평소 신세 지고 미안한 마음에 틈나는 대로 그분의 아들과 딸의 학습을 도와주곤 했다. 말하자면 난 아이들 과외 선생인 셈이었다. 그런 까닭에 준용이 어머니는 나를 더욱 잘 챙겨주었다.

추운 겨울 어느 날인가, 그날도 준용이와 정미의 공부를 도와주러 갔는데 준용 어머니가 김이 모락모락 나는 커피 한 잔을 주셨다. 나이 어린 중학생에게 무슨 어른이 먹는 커피를 주냐 싶었는데, 그 커피는 조금 특별했다. 달걀 하나가 동동 띄워져 있었다. 노른자는 반숙이 되어 있고 흰자는 응고되어 풀어져 있었다. 커피를 물끄러미 바라보고 있으니까 준용 어머니는 그냥 달걀 하나 깨 넣었으니 마셔보라 하셨다. 그냥 커피보다 배가 든든해질 거라면서. 응고된 달걀 맛의 그 좋은 느낌을 잊을 수가 없다. 누님 같은 따뜻함과 포근함이 그 한 잔의 달걀 동동 커피에 다 담겨 있는 듯했다.

중학교 3학년 말엽 아버지가 돌아가실 때 누구보다 안쓰러워 하며 눈물 흘리시던 준용 어머니. 그분과 헤어진 뒤 몇 번 오가며 만나기도 했으나 그 뒤 멀리 평택으로 이사했다는 소식을 들었을 뿐 만나질 못했다.

준용이가 군대에서 휴가 나와서 한두 번 보았는데 더 이상 만나질 못했다. 준용이나 정미도 보고 싶지만 준용이 어머니는 어떻게 해서든지 다시 한번 꼭 보고 싶다.

사람이 나누는 정은 여러 형태로 오고 간다. 내가 아주 힘들게 살던 때 옆집 누님 같은 분이 내게 건넨 달걀 동동 커피는 허기를 달래는 든든하고 따뜻한 정으로 내 기억에 남아있다. 추운 겨울이면 가끔 생각나는 달걀 동동 커피, 그것은 하나의 귀한 이야기였고 따스한 정이었다.

어느날 커피믹스를 사다가 뜨거운 물을 붓고 달걀 하나를 깨서 넣었다. 그때의 그 커피를 생각하면서. 하지만 내가 바라는 그 커피가 아니었다. 달걀이 흰자위든 노른자위든 이상하게 제대로 응고가 되질 않고 어설프게 둥둥 떠 있었다. 흰자위만이라도 하얗게 엉겨 붙어 커피 위에 둥둥 떠 있어야 하는데 안 그랬다. 그분은 어떻게 했을까. 냄비에 물을 붓고 달걀을 깨 넣어 끓인 뒤 그것을 커피 가루에 부은 것일까? 만약 진짜 그랬다면 많이 번거로웠을 텐데…. 준용 어머니는 그렇게 정성을 들여 내게 맛있는 커피를 만들어 줬다.

내게 따뜻한 정을 베푼 이웃 사람들이 지금도 기억 바구니에 달걀처럼 소중하게 담겨 있다. 오늘따라 달걀 동동 커피를 마시며 그 기억 하나를 꺼내 보고 싶다.

|작|품|론|

나를 쓰고 나를 읽는다

김 향 남
(문학평론가, 수필가)

1. '나'의 이야기, 수필

작가 데이비드 실즈는 저자가 일인칭으로 자신을 이야기하는 문학, 저자가 완전히 발가벗고 자신을 드러내는 문학, 저자와 독자 사이에 얇디얇은 막만 있는 문학이야말로 현대에 유일하게 가능한 문학의 방식이라고 결론지은 바 있거니와 그 자리에 수필이 있다고 해도 전혀 틀리지 않는다. 수필은 픽션이라는 허울을 씌우지 않고 곧장 자신을 드러낸다. 글감으로 삼은 모든 것

속에 '나'의 시각이 투영되어 있으며 그것을 통해 존재의 실상과 의미를 캐내고자 한다. '나'를 내세워 문학에 종사하기를 선언한 만큼 "제 삶을 탈탈 털어 내놓고, 제 이름 하나 걸고, 무엇이든 말할 수 있는 야생의 소리가 수필(이상렬)"인 것이다. 몽테뉴가 "나 자신을 적나라하게 그렸다"고 쓴 것이나, 이태준이 "자기의 심적 나체"라고 한 것도 같은 맥락이다.

그렇다면 '나'를 전면에 내어놓는 이러한 글쓰기는 무엇 때문에 하는 것일까? 아무도 강요하지 않는 그 일에 왜 스스로 몸을 던지는 것일까. 오웰식으로 말하자면, 자랑하고 싶은 순전한 이기심에서일 수도 있고 어떤 미학적 열정이나 역사적 사명에서일 수도 있을 것이다. 혹은 정치적 소신에서일 수도 있겠다. 어떤 이유에서건 왜 쓰는가의 문제는 결국 드러내는 것, 즉 표현의 문제로 압축해도 무방할 듯싶다. 드러내고 표현해야 자랑이든 뭐든 가능할 것이 아닌가.

문제는 수필이다. 시, 소설, 수필, 희곡, 시나리오 등 문학의 여러 형식 가운데 수필은 유독 다른 누구를 경유하는 법 없이 자신의 시선을 앞세운 일인칭의 문법을 고수한다. '나'는 무조건 옳은 사람도 아니고 완벽하게 훌륭한 존재도 아니지만, 누구나 인정할 만큼 성공한 사람도 아니고 만인의 모범이 될 만한 도덕군자도 아니지만, 그런데도 아니 그것과는 상관없이 '나'를 비롯하여 '나'를 통과해 간 것들을 기꺼이 내어놓는다. 그 이유가 무엇일까.

'나'라는 대명사는 자신을 똑같이 지칭하는 다른 표현과는 달리 대치 불가능한 방식으로 어떤 인식의 확실성을 부여한다. '나' 혹은 '나는…'이라고 했을 때 어쩐지 뭔가 자신의 내면을 뚫고 나오는 느낌, '나'의 본질에 더 가까이 다가서는 느낌을 준다. '나'에 대해서는 나만이 알고 있다는 폐쇄성 혹은 자폐적 느낌이 없지 않지만, 중요한 것은 그로 하여 '나'는 오히려 다른 사람과 구분되는 독자성을 확보하게 된다는 점이다. '나'의 제한되고 편향된 시각은 자기 정체성의 발현으로, 나아가 어떤 것에 대한 분명한 태도로 이해되기도 한다. 요컨대 '나'는 내 삶의 당사자로서 누구도 대신할 수 없는 고유한 힘으로 '나'의 삶을 주도하고자 한다. 그러한 주체로서의 인식이 곧 '나'라는 일인칭으로 표현되는 것일 테다.

'객관적인' 것이란 어차피 존재할 수 없는바, '나'라는 일인칭이 보여주는 깊은 주관성의 세계는 사뭇 매혹적이기도 하다. 저마다 자신이 선택한 삶의 방식과 그 삶을 떠받치는 소신을 드러내 놓을 때, 지나간 혹은 다가온 사랑의 슬픔과 기쁨을 이야기할 때, 참혹하게 몰락한 사람의 텅 빈 마음이 느껴질 때, 감추어둔 비밀을 더듬더듬 털어놓을 때, 그들의 이야기는 깊은 흡인력을 발휘하며 독자를 유인한다.

2. 내던져진 세계에서 '나'로 살기

곽영도는 1967년 경기도 양주 출생으로 교사이자 수필가(《계간수필》 2017년 등단)이다. 이 책은 그의 첫 수필집이다. 내용은 대부분 자전적 이야기로 채워져 있다. 자신의 성장 과정과 일상적인 삶의 이야기, 교사로서의 경험을 비롯한 우리 사회의 여러 문제 등 다양한 주제로 확장되어 있다. 편편이 다른 이야기들로 이루어졌으나 서로 연결되어 있으며, 순행적 구성을 취하고 있지는 않으나 일정한 서사적 흐름을 알 수 있다.

그가 겪어온 삶의 이야기는 한 편의 성장드라마처럼 강한 인상으로 남는다. 그에게는 세 명의 엄마가 있었고, 그들 모두 새엄마였다는 것, 친부로 알고 있던 아버지 역시 친부가 아니었다는 사실, 그로 인한 고통과 상처, 그리고 여느 사람처럼 자신의 몫을 잘 살아내는 모습, 이런 이야기는 그리 흔한 것이 아니기 때문이다. 작가의 남다른 사정은 이 작품집을 이루는 근간이 되고 있거니와 유독 혹독했던 성장기의 기억은 그의 삶 전체를 지배하고 있다고 해도 지나치지 않다.

〈세 엄마 새엄마〉를 통해 작가는 자신의 출생과 그에 얽힌 이야기, 그로부터 파생된 삶의 궁핍을 낱낱이 고백하고 있다. 오래 묻어두었던 이야기를 이제야 꺼내는 것은 자유롭고 솔직해지고 싶은 이유에서라고 하지만, "낳아준 엄마가 누구인지, 버리기 전에 젖은 한 번 물렸는지 같은 궁금증은 내가 죽어서야 놓이게 될 것"이라는 회한은 여전히 떨쳐버리지 못한 채다. 자신이 버려진 아이였다는 출생의 비화를 털어놓은 끝에는, 다 쓰고 나니 희한하게도 "새롭게 태어난 느낌"이라고 덧붙인다. 지나간 이야기를 붙들고 어렵게 어렵게 고백을 마쳤으니 일견 당연한 순서이기도 하다. 그런데 여기서 더 방점을 찍어야 할 부분은 "다 쓰고 나니"에 있지 않을까 한다. 끝내 해소되지 않을 질문으로 그는 슬프지만, '쏨'으로써 느껴지는 어떤 상승의 기운은 충분히 그 자신을 압도했을 것이기 때문이다. 어느 독자가 미리 읽고 이해하고 공감하고 격려해 주어서가 아니라, 그 전에 자신이 먼저 몰두하고 쓰고 읽었기 때문에 그로부터 받은 쾌감도 은근히 컸을 것이라는 말이다.

이제 그는 쓰는 사람이자 읽는 사람이며 서술자인 동시에 독자로서 존재한다. 쓰는 행위 자체로 작가와 독자의 대화가 시작된다. '나'와 또 다른 '나'가 만나 서로 마주 보며 대화하는 가운데 교감이 일어난다. 그때 받은 공감과 위로, 지지와 성원으로 '나'는 계속하여 '쓰는 나'가 된다. '나'는 '나'와 더불어 쓰고 읽고 대화하며 지나온 시간과 다가올 시간, 그리고 지금 여기의 시간을 살고 있다.

누구도 태어나려고 해서 태어난 사람은 없다. 태어난 곳, 얽힌 관계들, 벗어날 수 없는 환경 등 스스로 선택하지 않은 조건 속에 내던져진 상태로 주어져 있다. 그러나 인간의 주어져 있음은 사물의 주어져 있음과는 다르다. 예컨대 가위는 자르기 위해, 연필은 쓰기 위해, 자는 재기 위해 주어져 있지만, 인간은 어떤 무엇이 될 가능성으로 주어져 있다. 사물의 주어져 있음은 이미 완성된 상태로 인간에게 주어져 있지만, 인간은 끊임없이 자신의 주어져 있음을 문제 삼으며 세계 안에 주어져 있다. 던져진 존재로서 인간은 자유롭도록 선고받은 역설적 존재이기도 하다. 따라서 인간은 그 자신이 절대적인 자유로서 스스로 선택하는 존재이며, 그 선택의 자유를 통해 다양한 가능성을 실현해간다. 태어나고 죽는 것은 우연과 필연처럼 부득이한 일이지만, 그 사이를 어떻게 사는가(채우는가)는 오직 각자의 몫으로 남는다.

다시 작가의 이야기로 돌아오자. 작가는 아무 선택권도 없고 어디서 왔는지도 모르게 세상에 왔으며, 심지어 낳아준 부모가 누구인지도 모른 채 철저하게 내던져진 상태로 이 세상에 주어졌다. 그러나 말하고 배우고 변화하고, 그리고 스스로 선택권을 갖게 되는 가운데 기투企投의 삶으로 나아간다. 기투의 삶이란 고통과 상처, 체념에 묻히는 것이 아니라, 부여된 현실을 수용하며 스스로 자신의 삶을 책임지는 쪽으로 나아가는 것이다. 일례로 아버지가 돌아가시고 혼자 남은 그에게 "자기 아이도 가르치며 함께 살면 대학까지 마칠 수 있도록 뒷바라지를 해주겠다"라는 제안이 들어온다. 자신의 처지를 생각하면 너무나 솔깃한 것이지만 그의 선택은 "자유롭게 살기"였다. 궁핍하고 외로울망정 혼자의 자유를 선택한 것은, 더는 무엇에 얽히거나 기대고 의존하지 않겠다는 '홀로서기'였다고 할 수 있다.

고통과 상처로 얼룩진 피투의 굴레(새엄마들과 아버지)에서도 벗어나고, 하마터면 받아들일 뻔한 어떤 제약으로부터도 벗어난 그는 비로소 선택하는 주체, 자유롭도록 주어진 주체가 되어 '홀로서기'에 나선다. 홀로서기는 글자 그대로 '같이 사는 게 아니고 혼자 산다'는 말이 아니라, 태어나고 죽는 것도 혼자인 것처럼 내가 내 존재를 혼자서 떠맡는다는 것이다. 그것이 얼마나 외롭고 고독한 것인지는 접어두고, 스스로 떠맡아 마주하고 감당하며 책임지는 것이다. 그래서 홀로 가는 사람의 어깨에는 얼마쯤 슬픔이 배어 있다.

3. 기억의 바구니

작가는 아무 저항도 선택도 할 수 없이 주어진 삶에서, 스스로 선택하고 집중하고 성장하는 삶으로의 변화를 경험하며 현재에 이른다. 한 여자의 남편으로, 두 아이의 아버지로, 또 교사이자 수필가로서의 정체성을 갖게 된 것인데, 지나온 날을 돌아보며 작가는 이렇게 말한다. "나 같은 사람이 거친 세상을 무난히 걸어갈 수 있게 된 것은 주변의 도움과 격려가 있었기에 가능했다"라고. "이 도시의 곳곳에 따뜻한 마음을 가진 사람이 있었기 때문이라고." 작가는 그 이름을 기억하고 불러내고 되새기며 상처를 다독이고 새로운 삶의 지평을 열어간다.

〈눈물〉은 중학교 1학년, 삶에서 가장 힘들었을 때, 누구보다 자신을 응원하고 지지해 주던 담임 선생님에 대한 추억과 감사의 마음을 담은 글이다. 작가의 등단작이기도 한 이 작품은 한 사람의 돈독한 사랑이 얼마나 큰 힘으로 작용하는지를 보여준다. 몹시도 어렵고 고단한 처지에 있는 어린 제자를 불러놓고 한참 동안을 아무 얘기도 못 한 채 고개 돌려 울다가 "네가 어서 빨리 어른이 되었으면 좋겠다"라고 겨우 꺼낸 한마디는 그에게 평생 잊지 못할 말이 되었다. 제자를 향한 지극한 사랑과 차마 말할 수조차 없는 지경의 안타까운 마음은 그 눈물 속에 고스란히 담겨서, 그의 삶을 지탱해주고 이끌어 주는 '닻'이자 '돛'으로, "사랑의 또 다른 이름"이 되었다.

〈단팥빵〉에는 '단팥빵'을 좋아하는 작가의 숨은 이야기가 담겨있다. "아내는 나를 위해 식구 중 누구도 좋아하지 않는 단팥빵을 꼭 끼워서 사오곤" 하지만, 왜 좋아하는지 그 진짜 이유는 알지 못한다. 단팥빵 속에는 아무도 모르는 "단맛 그 이상의 무엇인가가 잘 버무려져 있음"은 작가만 알고 있는 비밀이기 때문이다. 무엇보다 중요한 건 '단팥빵'은 "내게도 한때 엄마가 있었다"

는 사실을 상기해 주는 구체적 사물이라는 사실이다. 작가에게는 엄마가 셋이나 있었지만 그중 첫째 엄마만 '진짜' 엄마로 기억될 뿐 두 엄마는 전형적인 계모, 상처투성이로 남아 있을 뿐이다. 첫째 엄마는 죽은 목숨이나 다름없이 참혹한 몰골의 갓난아이를 제 자식인 양 지극정성 보살피고 살려내 준 분이다. 아버지와 이혼하고 재가해 다른 곳으로 떠났으나 새엄마의 모진 학대에 시달리는 어린것의 소식을 듣고 못 잊어 다시 찾아와 준 분이다. 그때 건네준 단팥빵 두 봉지는 평생 잊지 못할 모성의 상징물로서, 어른이 된 지금도 여전히 '엄마'를 대신하는 중이다.

〈영광 이발소 아저씨〉는 세상에서 가장 따스하고 평화로운 장소 혹은 사람을 형상화한 작품이다. '영광 이발소'에 걸려 있던 평화로운 마을 풍경과 포효하는 호랑이, 복사꽃 만발한 작은 초가집, 물레방아, 유유히 헤엄치는 오리 등의 그림은 한결같이 정겹고 평화롭다. 오랫동안 감지 않아 이가 득실거리고 서캐가 허연 머리를 매만지고 깎아주던 아저씨의 손길은 포근하고 따스하다. 그것들은 오랜 시간이 지나왔음에도 불구하고 평화롭고 따스하게 기억되어 있다. 그곳의 아저씨는 특히나 "좀처럼 경험하기 힘든 따스한" 기억을 갖게 해준 분이다. 작가가 아주 어렸을 때 낯선 아저씨 한 분이 찾아와 "꼬옥 껴안아… 귀엽다며 머리와 볼을 쓰다듬어" 준 적이 있었는데, 바로 그분이다. "나를 마치 자신의 자식처럼 예뻐해 주셨던" 그분을 도시의 이발소에서 다시 만나게 된 것은, 그 '따스함'을 되느껴 보게 하는 특별한 경험이다. 육친의 손길인 듯 살가운 정을 그분에게서 느꼈지만, 이른 죽음으로 말미암아 다시 느낄 수 없게 된 것이 너무 아쉽다. "가느다란 온정도 내비치지 않는" 경직된 사람이던 아버지에 비하면, '이발소 아저씨'의 그 손길은 "좀처럼 경험하기 힘든 따스한 기억"이다. 혹한 속의 햇살 같은 온기와 평화이다.

아침저녁 신문 돌리며 학교 다니는 모습이 안쓰러워 누님처럼 뭐든 챙겨주던 옆집 준용이 어머니와 그녀가 특별식으로 건네주던 '달걀 동동 커피'도 따스한 기억이다. 아버지마저 암으로 돌아가시고 철저히 혼자가 된 작가에게 시험(고입) 볼 때까지만이라도 함께 지내자며 숙식을 해결해준 친구의 우정, "있는 반찬 없는 반찬 다 꺼내서 한 상 차려" 주시며 격려를 아끼지 않던 친구 어머니의 따스한 마음, 북아현동 산꼭대기 비좁은 지하 셋방에 옹기종기 모여들던 친구들, '북아현 스카이라운지'라 이름 붙인 자취방에서 분방하게 구가하던 청춘의 시간들. 모두 혹한의 삶을 건너가게 해준 소중한 기억들이다.

작가의 '기억 바구니'에는 따뜻한 정을 베풀어 주던 이웃 사람들의 이야기가 '달걀'처럼 소중하게 담겨 있다. "태어나 보니 낯선 어느 가정에 탁란"이 되어 있었다는 작가는, 제 자식이라 여기며 탁란을 받아들인 분(첫째 엄마)의 정성으로 기적처럼 살아나고, 그리고 "기어코 살아내서" 여기 이 글들을 쓰고 있다.

4. 나대로 가고 멈추고 풀었네

여기 한 사람이 있다. 그는 벌거벗은 몸을 통해 자신을, 그리고 세상을 이야기한다. 그가 선택한 것은 스스로 쌓은 제단에 자신을 바치는 일이다. 지붕도 가림막도 없는 제단에 자신을 내어놓고 새처럼 그 위를 난다. 그의 번제는 외롭고 쓸쓸하다. 두렵고 불안하다. 막막하고 아득하다. 그는 오지 않는 것들을 기다린다. 텅 비었다가, 부풀어 올랐다가, 다시 가라앉았다가, 말갛게 붙들린 채로 응시하고 추구하고 기다린다. 이윽고 그는 자신의 나상을, 흐르는 시간의 속살을 한 편의 수필로 바꾸어 놓는다.

곽영도의 수필은 자신을 드러내고 표현하는 것에 주저하지 않는다. 우리의 삶을 돌아보고 성찰하게 하는 여러 이야기가 어떤 꾸밈이나 장식 없이 적나라한 모습으로 드러나 있다. 다소 거칠기도 하고 다듬어지지 않은 면도 있으나 목수의 대패질이 반드시 매끄러울 필요는 없을 것이다. 있는 그대로 소박하게 떠받쳐 놓은 구층암 모과나무 기둥은 얼마나 인간적이던가. 나름대로 멋을 부리긴 했을 텐데 전혀 가식이 안 느껴진다. 오롯이 제 모습을 지니고 사는 것이 지상의 과제인 듯 삶의 진실을 돌아보게 한다. 그만큼 솔직하고 정직하게 풀어내고자 하는 작가의 마음이 읽힌다고 하겠다.

글의 소재를 모두 자신의 경험 안에서 취하는 장르적 속성을 따라 여기 실린 수필들 역시 충실히 자기 이야기로 채워져 있다. 유년기에서 청소년기를 거쳐 중년에 이른 현재까지 자신의 삶을 이루는 여러 요소들이 각각의 작품으로 형상화되고 그로 인해 일정한 서사적 흐름을 만들어내면서 작가의 이야기도 새롭게 재구성된다. 자신을 낳은 부모가 누구인지도 모른 채 철저하게 내던져진 상태에서 홀로서기를 선택한 삶으로, 교사로서 수필가로서의 정체성을 획득하며 끊임없이 움직이고 변화하는 삶으로의 이행은, 그의 삶이 주어진 채로 고정된 형식이 아니라 유동하고 성장하는 동사적 삶임을 보여준다.

여담인데, 곽영도의 글을 읽으면서 나는 이소라의 '트랙 9'을 듣고 또 따라 불렀다. 하이데거를 비롯한 실존주의자들의 철학서를 뒤적이기도 했다. 그러나 그들은 너무 멀고(복잡하고), 그녀는 손에 잡힐 듯 가까이에 있었다. 짧은 한 곡의 노래가 더 생생하게 삶을 은유하고 있다는 것에 전율하면서 곡을 음미했다. "나는 알지도 못한 채 태어나 날 만났고, 내가 짓지도 않은 이 이름으로 불렸네…." 그녀는 어렵고 복잡한 철학서의 내용을 그녀만의 목소리로 쉽고 감미롭고 부드럽게 속삭여 주었다. 자신의 의지와 상관없이 이 세상에 태어났지만 걷고 말하고 배우고 성장하며, 가고 멈추고 푸는 나대로의 방식으로 자신을 살아야 한다고 위로하고 계몽해 주었다. 고독하게 만들어 널 다그쳐 살아가라고, 매일 독하게 부족하게 만들어 널 다그쳐 흘러가라고 Hey you don't forget, 그걸 잊지 말라고 독하게, 부드럽게 속삭여 주었다. 누군가에게 다시 들려주고 싶은 노래였다.

혹시 작가에게 글은 왜 쓰는지, 무엇을 위해 쓰는지 묻는다면 어떤 대답을 내놓을까? 별도의 공간이나 도구가 없어도, 종이와 연필 한 자루만 있어도 "생명이 꿈틀거리며 살아 움직이는 무엇인가가" 눈 앞에 펼쳐지기 때문이라고 할까? "내 과거와 현재, 그리고 미래를 관통하는 눈물겨운 카타르시스를 안겨주는 일, 끝모를 내 감정의 저 깊은 곳까지 섬세하게 채워줄 충만감을 주는 일이 바로 글쓰기"라고 웃으며 말할까? 그럴 것이다. 아니 여기 쓴 글들에서 벌써 그렇게 말해 놓았다. 그리하여 작가의 이야기는 앞으로도 계속될 것으로 보인다. 글쓰기를 통해 살아 있는 자신을 발견하고, 카타르시스를 느끼고, 심연을 파헤쳐 본 섬세한 경험을 쌓아온 이상 작가의 이야기는 계속될 것이다. 이야기 속에 더 많은 이야기를, 더 새로워진 자신을, 또 다른 의미를 자꾸 자꾸 캐어 내게 될 것이다. 자기만의 방식을 찾아, 가고 멈추고 풀어낼 것이다.